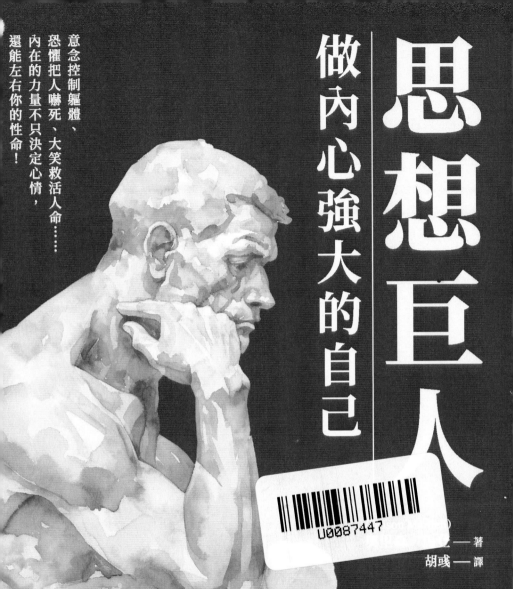

意念控制軀體、
恐懼把人嚇死、大笑救活人命……
內在的力量不只決定心情，
還能左右你的性命！

思想巨人

做內心強大的自己

U0087447

—— 著

胡彧 —— 譯

EVERY MAN A KING

負面情緒不僅看得到顏色，甚至會毒害你的身體？人真的會被嚇到死、
大笑可以讓重病之人起死回生？大腦騙過神經和肌肉，讓靜止的四肢假裝自己在運動？

思緒主導你的行為、你的大腦、你的這一輩子，
與其把身體練得頭好壯壯，不如練就一顆強大的心臟！

目錄

目錄

第一章
小心駛得萬年船

　　思想指引著我們，一點一點構建了未來，未來遙不可知，但我們知道它注定美好，因為宇宙萬物皆是如此。思想是命運的另外一個名字，選擇你的命運，然後耐心等待，愛會帶來愛，恨也只會帶來恨。

　　── 艾拉・惠勒・威爾考克斯（Ella Wheeler Wilcox）

　　從前有個不學無術的人，奇蹟般地繼承了一艘大船。他對海洋一無所知，對於航海和機械也不甚了解，他突發奇想打算駕船出海。終於他的大船出航了，他讓船員們各行其是，因為身為業餘船長，他對複雜的航行一竅不通。剛出海的時候，因為清閒無事，所以船長還挺有心情到處走走看看。他信步走到船頭，看見有個人在轉動著一隻輪子，一會兒順時針，一會兒逆時針。

　　「那個人在幹嘛？」他問。

　　「那人是舵手，他是在駕駛我們這條船。」

　　「啊，我覺得他是在白白浪費時間和精力。汪洋大海的，有船帆就能讓船走了，走哪裡算哪裡。看不見陸地，也看不見別的船，用不著掌舵。把船帆都扯起來，讓船隨便漂吧。」

　　船員聽從了他的命令。船觸礁沉沒後，只有少數生還

者，他們都記得那個愚蠢的船長下達的最愚蠢的命令，即讓船自己航行。

你可能會說這種人在現實生活中根本不存在，也許你是對的。確實，現實生活中也不會出現一模一樣的愚蠢事情。你也不會做出這種傻事，是吧？

靜下心來想想，你不是也駕駛著比船更精密、更寶貴的東西——你的生命、你的思想嗎？在駕馭思想的過程中你到底投入了幾分關注？你是不是也讓它隨波逐流了呢？你是不是縱容憤怒的狂風、呼號的熱情把它刮到這裡又吹到那裡呢？你是不是隨隨便便交朋友、隨隨便便讀書，讓一次漫無目的縱情享樂把生活變得面目全非，而這種生活絕不是你希望的呢？你是你人生之舟真正的船長嗎？你能將人生之舟駛入幸福、平靜、成功的港灣嗎？如果你還不能完全駕馭你的人生，你願意從此時此刻成為自己人生的主宰嗎？如果你能了解人生的某種基本真理，在實踐中不斷培養自己的美好品格，成為自己人生的主人將比你想像的要簡單得多，讓我們一起來告訴你該怎麼做吧。

思想控制宇宙萬物，然而人們偏偏忽視和誤解了思想的力量。人們運用大量的溢美之詞讚美它的力量，說它亙古不變，說它是天才的工具。近些年，人們從大量研究中

發現，思想具有控制能力，它可以改變已然成形的人格，改變外部環境，改變自我進而為人們帶來健康、幸福和成功。控制思想的方法浩若煙海，思想對人產生的影響也無窮無盡，但沒有人願意費盡心力指引思想朝有利的方向發展。在任何情況下都不做任何反抗，將思想交付給偶然和意外，任由思想像無人駕駛的航船一樣隨波逐流。

我們最需要學習的、也必須學習的是學會控制思想、控制自我，這樣我們才能不斷提升自我。思想本無形，很多人根本無法控制它，我們甚至認為思考動向是很複雜、很奧妙的過程，只有刻苦學習、讀書撫琴、博覽群書才能培養高尚的情操，但事實完全不是這麼一回事。每個人，無論多麼無知、多麼粗俗、多麼繁忙，都有足夠的能力、足夠的時間重塑自己的秉性、自己的人格、自己的健康和自己的生活。每個人都要肩負不同的任務，處理不同的問題，朝不同的目標而奮鬥，但人生過程是基本相同的。改變對你、對我都是可能的。

雕塑家巧奪天工的鑿子如果落入愚笨之人手中就會毀掉最精美的雕像；落入罪犯手中就會成為撬門開鎖的工具；落入殺人犯手中就會成為致人死亡的凶器。我們每個人手中都握著一柄鑿子，它既可以塑造我們的品格，也可以破

壞我們的品格。如果手握鑿子，我們仍不知道該如何創造美麗、和諧、幸福和成功，就是徹頭徹尾的傻子。雕塑家在雕刻大理石的時候，是不會輕易下手的。他雙眸凝視，每鑿一下都是為完成最後的作品。他心中早就設計好了作品，並且非常清楚該如何完成作品。在塑造品格的過程中，我們也要學習雕塑家的精神，改善我們的環境，陶冶我們的情操。我們必須清楚自己想要得到什麼，該如何才能得到，並為此付出全心全意的努力，不因一時的失意而懊悔不已，也不因一時的成功而沾沾自喜。

對待普通的鑿子只要把它放在一邊就好，對待思想就不能這樣，不能因為不用了就置之不理，我們必須時刻注意它的發展動向，積極努力地提高思想道德修養。人是時時刻刻都在思考的動物，每一次想法發展和改變都像是鑿子鑿了一下大理石雕像，不斷塑造我們的生活。因此，讓我們下定決心，排除萬難，積極培養美好的道德情操。

誠然，無論我們多麼堅決地實現這一重要任務，身為成年人具有的多年積習和一成不變的行為模式都使我們很難實現這一目標。人類承載著控制思想、培養美德的重任。M・E・卡特說：「如果孩子的父母和監護人能夠用所有精力教育孩子學會控制自己的思想，而不是用高壓迫使

他們服從於外在的權威，那麼養育下一代的任務就會簡單多了，地球上就會出現更高尚的新新人類。」孩子們不需要外在壓力就能學會控制思想，就能摒棄錯誤思想，培養高尚情操。他們長大後無須偽裝善良、無須掩飾謊言，因為他們本身就是如此純潔、真誠。控制思想就是控制自我，早早就明白這個道理的人可以免受不幸，不能明白人生最偉大的課程的人則會歷經磨難、人生黯淡。

　　能夠理解和控制我們的生活，將會為我們帶來多大的福祉呀！因此，為了我們自己，也為了那些需要我們照顧的人們，讓我們好好想想吧。

第二章
思想控制身體

真令人驚嘆，思想可以控制我們的身體，那就讓思想做永恆的主宰吧！

—— 歌德

在人還沒有能力控制思想以前，已經意識到思想的力量和重要性了。這是一種深刻的了解而不是泛泛的認知。你必須清楚也必須相信有益的思想會幫助你，有害的思想會毀滅你。你永遠也不能片刻放鬆警惕，覺得偶爾玩火無所謂，可正是一玩火才引火焚身。在內心深處，你必須清醒意識到，思想對人的影響是永恆的，是事關人生命運的大事。不同的時間、不同的想法就會影響那一時間段的命運。合理地控制思想，好運就會適時地降臨到你身邊。如果你錯誤地運用上帝賦予的能力 —— 思考的能力，霉運就會降臨到你身邊。無數的事實使人們意識到了這個觀點的正確性。

人在工作和生活中越來越清醒地認知到物質的價值和道德的價值。雖然人們的世界觀、人生觀和道德觀不盡相同，但無比強大的思考力量卻可以影響人類生活的各個層面。思想家、道德理論家提出，不注重內在精神世界培養的人只會單純地追求物質享受。思想是能控制肉體的，很

多科學實驗都證明了這點並做出了科學的解釋。

　　耶魯大學的安德森教授成功地測量出思想的力量，或者說測量出了思考作用的結果。他讓一個學生躺在天平上，並使身體重心處於天平的中心位置，再讓他專心致志地做數學題，這時頭部血流量增加，天平立刻向頭部傾斜。讓學生用九九乘法表計算比用五五乘法表計算造成的天平傾斜度大，因為腦部消耗大，血流量大。總而言之，腦力勞動強度越大，天平的傾斜度越大。安德森教授又進一步做試驗進行研究。讓學生想像自己在做體操鍛鍊，做各式各樣的肢體動作。單純想像雙臂舉過雙肩就使血液流向雙臂，結果身體重心上移了 4 英寸，天平的平衡發生了改變。接著他又在很多學生身上做試驗結果都一樣。

　　安德森教授又接著做試驗看看思考對肌肉的影響力。他給 11 名年輕人的左臂和右臂力量做了記錄。右臂的平均臂力是 110 磅，左臂的平均臂力是 97 磅。然後讓他們用一個星期的時間專門鍛鍊右臂，再重新測量雙臂的力量。右臂臂力增加了 6 磅，沒有經過鍛鍊的左臂臂力增加了 7 磅。實驗結果證明思考行為不但與活動肌肉有關，也和不活動肌肉有關，只要活動肌肉和不活動肌肉受同一大腦部位控制。這一切正是由於單純的思考行為使血液和神經力

量輸送到身體指定部位造成的。安德森教授說：「用肌肉
測試床實驗就能證明，一切體育鍛鍊的關鍵就是不但要付
出身體努力，同時更要付出精神努力。我躺在肌肉測試床
上想像著自己在跳一種叫吉格舞的三拍快步舞。儘管我的
腳並沒有動，肌肉當然也沒動，但我腳部的肌肉測試床卻
下陷了，這說明我好像真的在跳吉格舞一樣，血液流向了
腳部肌肉。因為精神作用，我的腳部肌肉血液充盈。」

　　桑多很久以前就告訴過我們只有鍛鍊無助於提高肌肉
力量。用思考來指導鍛鍊，再做一點鍛鍊才能重塑我們的
肌體。安德森教授的實驗也證明了這一理論的正確性。懷
著競爭感和興趣進行體育鍛鍊就比在體育館裡進行單純的
機械運動效果好得多。他說散步對腦力勞動者來說是枯燥
無用的。腦力勞動者在研究學術問題時，會使腦部血液集
中，散步這種單純的機械運動不能使血液向身體的其他部
位分散。只有像跑步或快走這種帶有明確提速目的的運動
才能使血液流向四肢，並使四肢的力量發達。據說在鏡前
鍛鍊，親眼看著肌肉隨動作強度的增加而變得更加結實有
力，能加速提高肌肉的力量。

　　在安德森教授做這些實驗之前，華盛頓的埃爾默・蓋
茨教授也做過類似的實驗。他拚命想像手部在做劇烈運

動，然後把手放進盛滿水的盆中。他希望這樣做就能讓手部的血液充盈，盆裡水就會溢出，而溢出的水量從理論上講應該等同於手部額外充盈的血流量。在剛開始的時候，所有人都無法使盆中的水溢出。在練習了上百次上千次後，思緒才能控制身體，盆裡的水真的流出來了。

很多年前，科學家在著名的博蒙特（Beaumont）身上做了實驗，證明抑鬱或快樂的情緒對人的消化功能或其他功能是有影響的。他的胃部傷口癒合後留下了個小孔，透過這個小孔科學家們發現了一個有趣的現象。一天他接到一封告知災難性消息的電報，立刻引起分泌胃液的濾囊發炎，造成食物在他的胃裡停留了幾個小時都沒有消化掉。

最近，俄羅斯科學家伊凡·巴夫洛夫教授又用狗做了很多實驗。他最終證明，即便分泌了唾液，食物也進入了胃裡，狗也不會像以前人們認為的那樣自動分泌胃液。恰恰相反，當狗希望能吃上愛吃的食物，即便什麼也沒吃到，牠也能分泌胃液。為使實驗更具科學性，在狗把食物咬進嘴裡後，巴夫洛夫教授切開狗的食管，不讓食物進到胃裡，可胃部濾囊仍然分泌了胃液。吃飯本身不過是機械行為，不會引起胃液分泌，而吃東西的快感卻能引起胃液分泌。狗的迷走神經切除後，即便牠看到美食，想像吃

到美食的快感，或者真的讓美食穿過食管，也不會分泌胃液。這項實驗充分證明迷走神經的作用。心理因素對消化的影響、對身體其他部位的影響都是顯而易見的。

　　蓋茨教授實驗的最大成功之處在於發現了情緒變化會引起身體化學反應。他說：「1879年，我發表了一份實驗報告。實驗是讓病人透過冰凍的呼吸管呼吸，使病人呼出的不穩定氣體冷凝成冰。將視網膜紫質的碘化物和冰混合後沒有明顯沉澱，但如果讓病人生氣，五分鐘後就會出現棕色沉澱物。這證明情緒是會引起混合物的化學成分變化的。將這種物質提取出來以後應用到人和動物身上，就能使他們變得興奮激動。極度悲傷，像剛剛失去了孩子，能產生灰色沉澱物。懊悔會產生粉色沉澱物。我的實驗證明，憤怒、兇惡和抑鬱的情緒會使身體產生有害物質，有些有害物質甚至毒性很大。同樣，快樂、和諧的情緒能產生有營養的物質，刺激細胞產生更多能量。」蓋茨教授重點指出：沉澱物的顏色取決於你是用碘還是用其他化學物質做實驗。不同情緒和同一化學製劑綜合產生的混合物顏色都不盡相同。

　　教授在芝加哥大學和史丹佛大學做的實驗顯示情緒能產生和電流相似的現象。電有正、負極之分，情緒也會使

生命細胞發生正、負極的變化，也就是快樂和悲傷的變化。人們總願意將情緒比作「大腦發出的電報」，現在人們更加相信情緒能改變身體狀況。

第二章　思想控制身體

第三章
快樂則健康，憂傷則生疾

「正是精神才使生命鮮活，肉體沒有這樣的作用。」

每個人的意識和思考都深深刻在腦海中，因為大腦是意識和思考的起源。意識和思維由大腦傳送到終點站 —— 身體的各個部位。大腦存在於人的體內，它本是一種物質構成，但大腦卻有抽象的思考功能，大腦不同的組成部分控制著身體的不同部位。人是以肉體為筆書寫生命，天使閱讀我們每個人的傳記故事。

—— 史威登堡

我們不一定要靠科學實驗才能證明精神狀況能影響人的身體健康。日常生活中很多事情都能證明這一點。有人已經採集了成百上千個令人印象深刻的有趣故事，整理並加以發表，但實際上，也許並不需要那麼多，也許幾個事例就能說明問題。

我們熟知不良情緒會有致命作用，但還是不能完全相信不良情緒能導致疾病或死亡。有人得中風死了，那麼中風是得什麼病呢？中風是由於突發性的強烈情感引起身體機能混亂進而導致身體機能停止運轉造成的。恐懼，是種害怕的情感，使患者心臟停止了跳動，而興奮又使患者心臟跳動過快導致腦部血管破裂。突然非常興奮會使血液急

速湧向大腦衝破嬌嫩的血管壁。人體需要吸收營養、排除廢料，這些功能都需要在正常的精神狀態下進行，一旦正常精神狀態遭到破壞，像失去親人或其他某種巨大悲痛，人體就不能正常發揮功能，得了病也毫無抵抗力，有時甚至根本沒病只是精神抑鬱，也會逐漸憔悴，直至死亡。最近倫敦有輛車子在街上突然自燃，火光衝天。有位年輕的女士，看起來跟別人一樣好好的，正打算上轎車，看見了此情此景，卻突然倒地身亡。根本就沒有東西碰到她，也沒有東西傷害到她，只不過是自己認為身處險境，因此身體突然崩潰。如果她能鎮定自若、氣定神閒一點，就不會白白丟了性命。還有位美麗的年輕小姐被高爾夫球杆擊中了臉，下巴碎了，雖然傷口幾個星期就癒合了，但傷疤使她不再漂亮了。她老想著自己已經毀容了，因此謝絕見客，總是悲悲切切的。她到歐洲花重金找專家整容，但效果甚微。她總想著自己受了傷、留了疤，人生再無快樂可言，身體也越來越沒動力，很快就連床都下不了了，但醫生卻檢查不出什麼器質性病變。她無疑是很愚蠢的。她的事例說明精神一旦出問題就會嚴重影響身體機能。如果她能早點擺脫悲傷，早就恢復健康了。

　　恐懼和悲傷往往在幾個小時或幾天之內就使人鬚髮皆

白。歷史上巴伐利亞的路德維格、瑪莉・安東尼和英國的查理一世莫不如此，在現代社會中這樣的事卻不多見。據說頭油中的化合物——硫黃主控頭髮的顏色，強烈的情感改變了硫黃的化學含量造成頭髮顏色發生變化。這種化學變化不是歲月而是情緒的突然變化造成的。羅傑斯說：「很多原因都會影響頭髮的化學成分，加速頭髮的老化死亡，尤其是大悲、憂慮和強烈的情感。」

原本沒有受傷的人認為自己受了很重的傷也會死掉。人們常說的一個故事是有群醫學院的學生總是嚇唬一名同學，說要給他放血，結果這名同學被嚇死了。有人誤吞了大頭釘，就出現了可怕的症狀，喉嚨還紅腫起來，他還以為大頭釘卡在喉嚨裡了，但後來才發現，他弄錯了，喉嚨裡根本沒有大頭釘。成百上千的例子證明疑神疑鬼就能引起病痛甚至死亡。

另外，像興奮激動和狂喜愉悅也能治癒疾病。

本韋努托・切利尼（Benvenuto Cellini）在佛羅倫斯著手雕刻他的著名作品珀爾修斯時，突發高燒、臥倒在床。正當高燒不退之時，他的一個助手跑進屋喊：本韋努托，你的雕像毀了，不可能修復了。」切利尼匆匆穿上衣服，跑到壁爐邊，看到他打算做雕塑的金屬塊已經不成形了。

他立刻命人拿來乾燥的橡木，生起火爐，在大雨天拚命趕工，最後終於挽救了他的作品。他後來說：「在一切結束以後，我和手下每人端著一盤沙拉坐在凳子上狼吞虎嚥起來。吃飽後，又回床上躺著，感到自己又健康又快樂。只差兩小時天就亮了，我睡得很沉很香，就好像根本沒生病一樣。」那晚，他光想著要挽救他的作品，根本沒想著自己還生著病，結果病卻好了。

摩爾人的領袖穆雷·姆魯克有一次也是重病在床，幾乎病入膏肓了。他的部隊和葡萄牙軍隊突然爆發了一場戰鬥，形勢十分危急。他立刻召集人馬，帶領部下打了勝仗，隨後就癱軟在地、氣絕身亡。

伊莉莎·凱恩（Elisha Kent Kane）的傳記作家寫道：

「我問他能不能舉一些他知道的事例說明靈魂能控制肉體。他停頓了一下，好像是想該怎麼說，然後突然回答說：『靈魂可以使肉體飛起來，先生！』當我們的上尉奄奄一息的時候 —— 我說的是他確實是快死了。我看過很多壞血病病例，他身上的每處傷疤都化膿潰爛了。無論是死者還是生者我都沒見過這麼嚴重的病例，很多人在病得比他輕得多的時候就死掉了。然而當時軍隊的形勢十分糟糕，隨時都可能發生兵變。我們每個人都危在旦夕。我

覺得他是那種鞠躬盡瘁、死而後已的人。我走到他的病床前，在他的耳邊大喊道，『兵變了！上尉，兵變了！』他立刻從死一般的昏迷中驚醒。『扶我起來！』他說，『把人都召集起來！』他聽了手下的指控，懲治了有罪的人，並且從那一刻起身體逐漸康復起來。」

巴西的冬‧彼得國王因病在歐洲療養，在接到任攝政王的女兒打來的電報後，病就好了。電報上說她頒布法律廢除了奴隸制，完成了父親畢生的心願。

一位身體羸弱的婦女，好多年臥床不起，甚至站起來的力氣都沒有，可是當房子著火的時候，卻能穿過走廊，爬上樓梯把熟睡的孩子抱出房子，她是哪裡來的力氣呢？這樣虛弱的身軀哪裡來的力氣將家具和床褥從大火的房子裡搬出來的呢？當然她的肌肉沒有新增力氣，她的血液也沒有新增力氣，但她卻做到了平時根本做不到的事情。危難之時，她忘記了自己的病痛，只想著危難，她有可能失去可愛的孩子，有可能失去房子。她堅信，那一刻她無所不能，而且她確實做到了，這是因為意識發生了變化，而不是血液和肌肉發生變化賦予她無窮的力量。她的身體力氣不多，但她完全相信自己能夠救出孩子、救出家產。大火、危險、激動、要救孩子、要救財產，這一切使她暫時

忘卻了病痛，調動了意志的作用。

很多證據都證明思想能控制肉體。人類很久以前就發現了這一點並加以利用。就像電報能越過海洋在空中傳播資訊，雖然奇妙，卻是現實，現在越來越多的人們已經意識到思考是能控制肉體的。

醫生們已經意識到精神在治療疾病過程中的角色，所有醫學書籍都談到精神對疾病的治療作用高過藥物和手術。國王愛德華二世將醫學界的權威威廉姆·奧斯勒（William Osler）從約翰·霍普金斯大學調離，任命他為牛津大學的醫學教授。威廉姆·奧斯勒後來在《美國百科全書》中曾言：

「在治療過程中物理療法的作用很大，但人們沒有廣泛了解到它的作用。只有堅信自己有戰勝疾病的能力，才能鼓足勇氣，才能使血液流暢，才能使神經正常發揮作用，才能治癒大部分疾病。對疾病不報希望，沒有信心，即便是最強壯的人也會死去。堅定信心就能使一匙水、一片麵包產生神奇藥效，治癒靈丹妙藥都治不好的病。看病最基本的就是要相信醫生，相信他開的藥，相信他的治療方案。」

同樣，哥倫比亞大學的史密斯·伊利·傑利夫（Jelliffe）也在同一本《美國百科全書》中說：

「毫無疑問，最古老也最新的治療方案就是向病人提出建議。堅定信心的治療作用不是某個特殊階層或階級的專利，也不為任何體制所獨有。相信神仙，向木偶、石人或神怪小說中的鬼神祈求，相信醫生，都會使我們相信自己有能力戰勝疾病，一切都說明精神對肉體病痛確實存在治癒作用。為病人提個小小建議，不能挪走疾病的大山，不能治癒肺結核，不能使瘸腿復原，不能治療身體痙攣，但它卻是最有效的輔助治療方式。很多催眠師、詐欺犯、聲稱自己有透視眼的人和形形色色的社會寄生蟲卻濫用了精神的治療作用，這裡因為篇幅有限就不一一贅述了。人的思想非常難以捉摸，相信就能做到一切，並且願意相信就能做到一切。在治療的過程中，建議能激發好的和壞的潛能。」

傑利夫說的下面這段話有點過於保守，他自己非常相信斷骨的癒合受病人精神狀態影響，因為精神狀態影響了呼吸、消化、吸收和排泄。早期的肺結核病人堅定地相信自己會康復，再配合好的氣候環境和衛生條件就能很快康復。很多植物人在受到精神或神經的強烈刺激後甦醒過來了。

很久以前，詹姆斯‧辛普森（James Simpson）爵士說：「如果醫生忽視了精神對肉體的作用，他就沒有充分發揮醫術，他就不配做個醫生。」

　　邱吉爾在下面的詩句中說明了健康哲學：

通往健康的最佳路徑，無論怎樣，

就是堅信自己是健康的。

可憐的肉體知道疾病是種邪惡，

醫生說我們病了，我們就會想像自己病了。

第四章
最可怕的敵人是恐懼

如果我們不再無謂地擔心，生活就會立刻變得快樂和健康！塑造完美人格最重要的就是要排除、根除恐懼的各種有害影響。如果人們能根除恐懼，世界將變得無比美好。

懷疑是叛徒。因為害怕嘗試，我們會失去可能獲得的美德。

—— 莎士比亞《針鋒相對》

思想對人生最有害的破壞武器就是恐懼。恐懼能使人道德敗壞、雄心泯滅、疾病叢生、成功無望，讓自己和別人都不快樂。恐懼一無是處，《聖經》上說恐懼是邪惡。生理學家已經清楚地了解到恐懼能阻礙血液吸收養分造成身體虛弱，它使人意志消沉、身體無力，毫無成功希望。恐懼是年輕人悲傷的原因，是老年人最可怕的朋友。快樂在它的怒目而視下倉皇落逃，愉悅片刻都不能和它同居一室。

「在人類的各種病態心理中，對人體影響最大的就是恐懼。」威廉姆·霍爾庫姆博士說，「恐懼按程度劃分很多級別，由驚恐、恐懼、畏懼到最輕的憂心忡忡，不可知的未來都會引起人們不同程度的恐懼。恐懼的程度不同但實質都一樣。極富創造力的生命受到神經系統影響而停滯，

全身的各個組織器官出現了大量複雜病症。」

「恐懼就像給你的周圍注入了碳酸氣體，」霍瑞斯·弗列卻爾（Horace Fletcher）說，「它會引起思考、道德、精神窒息，有時會使你失去精力、不再生長發育，甚至造成個體死亡。」

從出生開始，我們就生活在恐懼這個惡魔的掌控之中。大人們一年裡成千上萬次地告誡孩子們要小心這個、提防那個。你一定要小心啊！你可能會中毒、你可能會被咬、你可能被害、如果你做了這個，或做了那個，你就要倒楣。等孩子長大後，看見有害的動物或昆蟲還是會害怕，因為小時候長輩就告訴他們這些有害的動物或昆蟲會傷害到他們。最可怕的事情就是在孩子的腦海中刻上「恐懼」的印記，這就像是在小樹上刻上「恐懼」這個詞，隨著年齡的增長，這個詞會越來越大、越來越深。恐懼的可怕陰影會深深地刻在孩子的腦海中，影響他們的一生，將燦爛快樂的陽光永遠遮罩於外。

有位澳大利亞作家寫道：

「對於成長中的孩子來說，最不幸的是有個患恐懼症的母親。如果母親患有恐懼症，無論是病態恐懼症、細小事物恐懼症、恐怖事物恐懼症，都不可避免地會使孩子的

生長環境變得越來越恐怖。恐懼的原因是由於病人總是本能地或習慣性地感到要發生可怕的事情。母親自己一動也不敢動，讓孩子也一動也不要動。有時讓孩子動一動，也難免胡思亂想會發生各式各樣可怕的事情。在慢性毒藥的作用下，本來可以很甜蜜的生活變得越來越苦澀。」

「我知道現在成千上萬的孩子們整天戰戰兢兢、虛弱被動，身體反應不靈敏，就是因為在童年，甚至幼年時期，父母總是說他們想做的或要做的事危險性很大。有些母親責任心太強，總是害怕孩子受傷，不讓孩子做這做那，而很多事情其實都能讓孩子更加勇敢、更加自強、忍耐力更強、自控力更強。」

「20多年來，我一直在研究犯罪心理和嬰兒心理。」里諾・費里阿尼博士說，「成千上萬次我不得不被迫承認百分之八十患有病態恐懼症的兒童是可以治癒的。只要用常規的精神和生理方法治療，鼓勵他們要健康積極地對待恐懼，他們是可以治好的。」

孩子很多時候不聽話，媽媽和保姆們不只用真人真事來嚇唬孩子，覺得難以取得立竿見影的效果，她們就發明了各式各樣的怪物和妖怪來嚇唬孩子，讓他們聽話。孩子不睡覺，就嚇唬孩子說：「如果你再不睡，虎姑婆就回來

吃了你！」如果虎姑婆真來了，恐怕成年人也睡不了了。如果父母耐心告訴孩子黑夜和白天沒有什麼不同，那麼孩子就不會怕黑了。父母沒有向孩子理性地解釋黑夜和白天的不同，而是編謊話威脅孩子如果再不睡覺，魔鬼和怪獸就會在黑夜出來吃了他們。這種謊話非常殘忍，無益孩子健康心靈的成長，有人用詩表達了出來：

> 他把孩子嚇住了，
> 孩子不再玩了，也不再唱了，
> 他沒犯什麼罪，
> 只是可悲的道德錯誤。

媽媽們總是無謂地擔心孩子，耗費了大量精力。如果孩子一離開她們的視線，她們就片刻不得安寧。多少次媽媽們想像著孩子從樹上摔下來，或在屋裡摔倒；多少次，當孩子們出門划船或滑雪，她們想像他們被水淹了，被雪埋了；多少次當孩子們出去打棒球或踢足球，她們想像孩子斷手斷腿、臉帶傷疤回來了。她們忍受了幾個小時的精神痛苦和折磨，情緒低落，身體萎靡，可是什麼也沒發生，這幾個小時是多麼得不償失啊！無謂的厄運想像使很多媽媽未老先衰。最糟的是很多媽媽認為為孩子擔心是她

們的光榮責任和義務，正是出於對孩子偉大的愛才使她們一直憂心忡忡。

母親們終日憂心忡忡，將孩子籠罩在恐懼的氣氛中，使他們對一切新的、沒有想過或沒有見過的東西都懷有恐懼之心。在恐懼和焦慮的心情籠罩之下，孩子們將整個世界想像得陰暗沉重就不足為奇了。如果你參加年輕人的聚會——無論這個聚會是多麼快樂愉悅，你問任何一個最快樂的年輕人，都會發現恐懼正像蛆蟲一樣噬咬著他的內心。害怕出意外、害怕得病、害怕貧困、害怕死亡、害怕不幸，永遠使那些看似快樂的人內心感到不安。成千上萬的人在恐懼的陰影下度過一生，永遠擺脫不掉對某種模糊不定的即將到來的災難的恐懼。

很多人因為擔心明天會發生什麼不幸的事而使生命縮短了。很多家庭不願意在娛樂上多花錢，他們不去旅遊、不買流行雜誌和畫報、不去度假、不願意從事任何花錢的文化和娛樂活動。他們捨不得花錢買衣服，甚至捨不得花錢買吃的，只是因為擔心明年日子可能會過得更拮据。「明年也許會出現經濟恐慌，」悲觀者總是這麼說，「孩子們也許會生病，日子可能會更苦，農作物可能會歉收，生意可能會賠錢。我們說不準會發生什麼，但我們必須有所

準備。」這樣成千上萬的家庭生活完蛋了，甚至徹底毀掉了，就因為也許根本不會出現的大衰神！

這種吝嗇、焦慮、缺乏信心的生活方式最有害的地方就是阻礙了年輕人的成長，使他們的現在和未來一樣暗淡無光。比如說，時間過得飛快，孩子今年本該上大學了，但父母卻認為他們無法負擔額外的大學學費，孩子們必須再等，每年父母的說詞都是一樣的 —— 沒錢，孩子們必須再等。

很多人事業受挫，失去了很多成功和升遷的機會，就是因為教育水準不夠。父母總是想著根本不可能發生的消極情況，一而再、再而三地推遲孩子上大學的時間，難道他們不該為孩子的事業不順負責嗎？

合理的節約和勤儉持家應該受到鼓勵，但總擔心發生不幸的事情，就會使人放棄快樂、放棄教育、放棄學文化、放棄旅遊、放棄讀書、放棄一切純潔美好的快樂，最後變得麻木遲鈍，根本不會欣賞生活中的美。每個健康人都應該和狹隘、憂慮的思想抗爭。

想想吧，上帝讓我們生存於世，並賦予我們獲得快樂的一切能力，絕不是想讓我們在憂慮、煩惱當中虛度一生，況且根本沒有發生厄運！

　　有些人因為總是擔心可能發生不幸，弄得心情焦慮、滿臉皺紋、頭髮花白、滿面愁容，這是多麼可悲呀！1,000 個人當中沒有一個人是因為生病而長皺紋，100 萬個人當中也沒有一個人是因為生病而長白髮！他們都是因為無謂的憂愁而引起的。因為根本不會發生的不幸，根本沒有走過的橋（他們總擔心走到橋中間的時候，橋會斷掉）使他們的頭髮花白，皮膚失去彈性、滿臉皺紋，生活沒有任何快樂可言。我們天天擔心大災大難會臨頭，但大災大難從沒降臨，相反現實中真正發生的不過是些小災小難。

　　天天總是無謂地擔心實際上極大浪費了人生精力！想想吧，擔心根本不會發生的事情浪費了你多少精力和體力！想想吧，你終日為不可能發生的不幸謀劃籌備，浪費了多少時間！

　　如果我們不再無謂地擔心，生活就會立刻變得快樂和健康！塑造完美人格最重要的就是要排除、根除恐懼的各種有害影響。如果生活在恐懼之中，沒人能活得健康、陽光、和諧、樂於助人；如果不破壞、不根除恐懼的細胞，沒人能活得快樂、成功；如果人們能根除恐懼，世界將變得無比美好。每個人都有責任戰勝自己內心深處的恐懼，並盡其所能使年輕人免遭恐懼這個妖魔鬼怪的掌控。思想

家和科學調查人員已經證明人們能做到這一點。我們可以大膽地預言，未來的一代將不再受恐懼的折磨，他們能昂首挺胸、自信清醒地朝著完美的幸福邁進！

第四章　最可怕的敵人是恐懼

第五章
戰勝恐懼

　　恐懼是人類最大的敵人，但可以不需要用強迫的方法就從人的思維習慣中完全根除掉。

—— 霍瑞斯・弗列卻爾

　　要想克服恐懼，首先就要弄清楚我們到底害怕什麼。我們擔心害怕的往往是沒有發生或根本不存在的東西。恐懼是想像出來的東西，我們總為各式各樣可能發生但實際根本不可能發生的事情而感到恐懼。你害怕黃熱病，是因為你害怕得黃熱病的痛苦，甚至害怕得黃熱病會丟掉性命。如果你得過黃熱病卻沒死，你就沒那麼怕它了。黃熱病對你的最大傷害不過是疼痛和虛弱，但是恐懼加重了病情，得了本不該死的病也可能死了。也許正是因為過於害怕才死的，往往是越害怕得病的人越容易傳染上這種病。顯微鏡沒能證明黃熱病病毒的毒性在傳播過程中有任何增強跡象。事實證明，黃熱病毒對正常、健康和大膽無畏的人不會產生作用。

　　在紐奧良黃熱病流行期間，起初醫生們還不能確認黃熱病是傳染病。有位年輕的北部女教師發著高燒來到密西西比州納齊茲。人們讓撒母耳・卡特賴特醫生給她看病。威廉姆・霍爾庫姆博士後來說，第二天早上卡特賴特醫生

將所有居民召集到旅館門前，對他們說了下面的話：

「這位女士得了黃熱病，但黃熱病不會在人和人之間傳染。她不會傳染別人。如果你們聽從我的建議，就不會引起全城的恐慌，恐慌才是瘟疫的溫床。大家以後不要再談論黃熱病了，就好像根本沒有人得過這種病一樣。讓旅館的服務員照顧她吧，給她送花和好吃的。讓我們所有人都像平常一樣正常起居，我們不會有生病危險的。我們這麼做，才能救她的命，也許最終能救更多人的命。」

所有人都同意他的建議，但有位女士因為獨自住在旅館最偏遠的房間裡，並不知道卡特賴特醫生說了這番話。那位年輕的女教師康復了。只有那位獨自居住的女士得了黃熱病，雖然她後來也康復了。

「卡特賴特醫生享有很高的聲望，人格非常富有魅力，」霍爾庫姆博士說，「他消除了人們的恐慌情緒，防止了瘟疫流行。人們意識到精神力量能戰勝疾病，是他發現並成功地運用這一治療理念，他比任何英雄和政治家都更應該獲得一座紀念碑。」

很多人都害怕走獨木橋，如果在寬闊的馬路上，畫出一條和獨木橋一樣窄的路讓他們走，他們能走得很好，根本不擔心失去平衡。人們不敢走獨木橋，是因為害怕會掉

下去。沉著冷靜的人就是無所畏懼的人，是能完美控制身體的人，他不會讓腦子片刻出現危險的意識。雜技演員只要能克服恐懼就能表演出令觀眾膽戰心驚的驚險節目。有些節目需要特殊的訓練、發達的肌肉、敏銳的眼神和判斷力，但表演所有節目都需要冷靜、無畏的頭腦。

　　小孩害怕黑屋裡會出現妖魔鬼怪，但父母卻不會這麼想。身為父母應該告訴孩子妖魔鬼怪根本不存在，這樣他們就不會再害怕了。從沒在草地上走過的孩子，當第一次踩在軟軟的草地上時，會很害怕。他們小心翼翼地走在草地上就像走在火紅滾燙的鐵板上一樣。在草地上走根本沒有危險，但孩子們卻認為有危險，就是因為他們以前沒在草地上走過。一旦他們確信根本沒有危險，就不會害怕了。小時候不害怕，長大了也不會害怕。如果不是習慣、傳統思想和錯誤的早期教育，人是不會有那麼根深蒂固的恐懼感的。我們必須相信恐懼是頭腦的錯誤想法，恐懼存在於意識中，而不是現實中。如果我們不在恐懼面前屈服，恐懼就傷害不到我們。能認知到這一點是人類的大幸！

　　很多人都害怕失去職位，總是擔心這種不幸會發生的人日子過得很不好，但到目前為止這些人也沒有被免職。

只要沒有被免職的危險，只要沒被真的免職，他們遭的罪就是白遭。我們應該對目前的狀況感到滿意，如果真的被免職，再擔心也沒有用，以前的擔心也白擔心了，只會削弱你的力量，使你無力再競爭新的職位。總愛杞人憂天的人一旦失去舊職位就會擔心還能不能再找到新職位。一旦找到新職位，以前一切的擔心又白費了，所以無論在何時、在何種情況下擔心都是不必要的。擔心不過是對將來無謂的想像。

要想戰勝恐懼，就要弄清恐懼的原因，使自己相信目前擔心的事情只存在於想像裡。無論厄運在未來是否會發生，現在擔心都是浪費時間、浪費精力、浪費體能、浪費腦力。飲食不善就會引起腹痛，我們就會立刻不再吃了，同樣道理，我們也不要再擔心。如果你非要擔心什麼不可的話，那就擔心恐懼會帶來什麼樣的後果吧。你最終會克服恐懼的。

只相信恐懼是虛幻的還不夠，還要訓練自己時刻擺脫恐懼的束縛，和一切引起恐懼情緒的思想抗爭。我們必須時刻警惕、時刻小心恐懼會乘虛而入。腦子裡哪怕稍微有一點擔心，也不能讓擔心變成恐懼，像一片巨大的陰雲籠罩在心頭。你可以強迫自己想想別的事情，尤其是想想高

興愉快的事情。恐懼實際上是個人失敗感的反映。你不要總想著自己是多麼渺小無助；不要總想著工作沒準備好；不要總想著自己注定要失敗；要想著自己非常能幹；要想著自己工作起來駕輕就熟；要想著自己一直都全力以赴才有今天的成就，你就能把工作做好，而且還將接受更大的專案。無論你意識到還是沒意識到，正是這種信念，才使你一步步走上更高的輝煌。

同樣，內心欣喜快樂、充滿希望、信心滿滿也能趕走恐懼，敢揍每時每刻、每天每夜侵擾我們的各式各樣的恐懼。剛開始，很難將自己從陰鬱、低沉的情緒中解脫出來，很難讓自己片刻逃離恐懼的魔爪。也許這時你需要幫助。你可以換換腦子、換換工作、做一些需要集中精力才能做好的工作。想想某件幽默、愉快的事，如果你能靜下心來讀書，讀本有趣、幽默的書效果也很顯著。

最大的恐懼莫過於對死亡的恐懼，很多作家為消除人們對死亡的恐懼寫了很多書。死亡是神祕的，不管人們對死亡的看法如何，理性分析死亡都會使人消除對死亡的恐懼，不再認為身體因為失去生命而變得令人恐懼、令人望而卻步。印度教徒對動物屍體的處理方法十分奇特，他們敬畏動物，不吃動物的肉，雖然我們認為動物的肉很香。

要想不再害怕，首先得教會自己如何避免害怕，要讓自己經常接觸害怕的事物，熟悉害怕的事物。我們都知道馬是很膽小的動物，訓練馬大膽就是讓牠多接觸牠害怕的東西。這種方法同樣適用於讓我們自己克服恐懼。霍瑞斯‧弗列卻爾建議醫院的解剖室應該向大眾公開授課，這樣就能消除人們對屍體毫無理性的恐懼了。

「無論墳墓裡躺著什麼，」Ｗ‧Ｅ‧Ｈ‧萊基說：「墳墓什麼都不是。只有活人知道，也只有活人才知道在小小的盒子裡，曾經有過的壯麗虛華，如今在慢慢地腐爛。人總是不自覺地想像自己已經死了，身體被放進了囚室，在最可憎的地牢裡，在慢慢腐爛。中世紀藝術和現代藝術加深了人們對死亡的可怕想像。你要努力將這種想法從腦海中驅除。對死亡的恐懼實際上沒什麼，說穿了就是對墳墓的恐懼。我們從不擔心剪掉的頭髮，因此也不應該擔心失去生命的身體會怎樣。它越早腐化成泥越好，根本沒有必要想像它腐爛的過程。」

無論採取什麼方法，克服恐懼都是塑造人格最重要的一環。克服了恐懼人將受益無窮。只有最終克服了恐懼，人類靈魂才能獲得更高的力量，才能找到它真正的棲息之所──升入天堂，回到上帝的身邊。

第五章　戰勝恐懼

第六章
不良情緒能扼殺生命

　　只有快樂才能激發活力、加速營養吸收，才能延年益壽。要善於在生活中尋找快樂的事，讓自己快樂起來。我們要科學地研究如何快樂，理性地訓練自己更加有技巧、有效地運用頭腦使自己快樂起來。

　　生氣和焦慮不但能使人萎靡、抑鬱，甚至還會殺死人。

　　　　　　　　　　　　　　—— 霍瑞斯・弗列卻爾

　　再強烈的情感也會稍縱即逝。仇恨、憤怒、復仇都是恐懼的表現，不會持續很久。默默、執著地忍受最終會消除這些情感。

　　　　　　　　　　　　　　—— 埃爾伯特・哈伯德

　　恐懼並不是唯一給人以致命傷害的情感因素。內心脆弱的人在生命的危機時刻經不起任何負面情感，但心理健康的人受到負面情感的影響相對來說要少得多。勃然大怒導致很多人中風死亡。悲傷、妒忌和焦慮會使人漸漸發瘋。因此不良情緒是會扼殺生命的。

　　在上面提到的各種能致死的負面情感中，大家最熟悉也是一致公認的就是悲傷。科勒喬因為畫了幅畫人家只給了他 40 達克特（從前流通於歐洲各國的硬幣）就生氣致

死。現在他畫的那幅畫成了德累斯頓畫廊的鎮館之寶。評論家批評濟慈（John Keats）的詩過於傷感，濟慈因此鬱鬱而終。還有很多年輕的女孩因為失戀而喪命。

突然大喜或大悲都能使人喪命。有一天當地的報紙報導說，走失很久的孩子突然回來了，年邁的父母因為過於激動而死。當地的報紙還報導過有人突然繼承了一大筆遺產，高興過度而死。有個巴黎人因為中了彩券興奮過度死了。紐約的寇里亞夫人因為兒子突然帶回來個妻子，高興過度死了。

一般情況下，即便這些情緒不足以致人死亡，但對人的健康都是有害的。勃然大怒會接連幾個小時抑制食慾、阻礙消化、使人躁動不安，造成人身體機能紊亂，進而造成精神紊亂。它能使美麗的容顏憔悴枯朽，甚至改變人的脾氣秉性。哺乳期的婦女如果情緒不好就會使乳汁發生改變，影響到吃奶的孩子。極度憤怒或恐懼能引起黃疸甚至嘔吐。

嫉妒也會影響人的整個身體機能，是健康、幸福和成功的致命殺手之一。愛嫉妒的人如果不能停止嫉妒就會損傷健康、意志消沉，最終導致發瘋、殺人或自殺。巴黎報紙的頭條新聞就是「激情悲劇」。長期的痛恨不但會傷害到

人的消化、吸收功能，擾亂內心的清淨，而且會毀掉人美好的性格。

不良情緒能使人體內生成某種有害的化學物質，進而對身體產生不良影響。醫學人士認為這些化學物質就像毒蛇的毒液一樣，在恐懼和憤怒的影響下分泌。毒蛇有個液囊用來儲存毒液，人類沒有液囊，所以這些有毒的化學物質可以滲透到全身的各個組織器官。

埃爾默・蓋茨教授在對不良情緒的研究方面領先其他科學家一步，他說：

「我們都知道不良情緒像悲傷、痛苦和憂愁能影響人的分泌和排泄，這一點不奇怪。大家都觀察到了受不良情緒影響的人會呼吸節奏變慢，血液循環變慢，消化情況受損，臉頰變得蒼白，兩眼無光等等。」

蓋茨教授透過各種方法和各種先進儀器測試出了人的疲勞期和反應期。他認為人在高興的情況下比在抑鬱的情況下身體、智慧和意志力狀況都更好。

「身體在正常情況下能夠排泄新陳代謝的廢物，」蓋茨教授說，「這就毫不奇怪在極度傷心的時候眼淚會噴湧而出；在突然感到害怕的時候人的胃腸蠕動會加速，腎臟也做出相應反應，人就會有便意；長時間害怕人會渾身冒冷

汗；生氣的時候，嘴裡會有苦味，這些現象主要是因為硫氰酸銨的排泄量猛增。害怕時出的汗和高興時出的汗化學成分是不同的，甚至味道都不同。」

人體的這些反應實際上就是在排除毒素。蓋茨教授接著說道：

「很多現象都顯示了悲傷痛苦的情緒減緩身體廢物的排出。而且，更糟糕的是，抑鬱的情緒甚至直接引起毒素排放量的增加。與此相反，快樂愉悅的情緒能有效消除抑鬱情緒的有毒影響，激發人體細胞潛能，將人的精力和營養物質儲存起來。」

「從這些實驗我們得出有價值的結論，在傷心難過的時候要有意識地加大呼吸、排汗和排尿行為，加快毒素的排出。傷心難過的時候到戶外去，玩得大汗淋漓；回來洗個澡，將從皮膚排泄出來的毒素洗掉；而且要用一切你知道的排憂解難的辦法，像看戲劇、讀詩歌、欣賞藝術，盡可能地控制自己的心情朝幸福、快樂方向發展，但無論做什麼都不能讓自己變得更傷心、更難過，要穿就穿漂亮的衣服；要看就看喜劇，不看悲劇。快樂是使我們恢復活力的方法而不是目的。只有快樂才能激發活力、加速營養吸收，才能延年益壽。要善於在生活中尋找快樂的事，讓自

己快樂起來。我們要科學地研究如何快樂，理性地訓練自己更加技巧、有效地運用頭腦使自己快樂起來。透過合理訓練就能將不良情緒從生命中剔除，獲得永遠的好心情。對此，我非常樂觀，我認為人一定能做到。」

　　日復一日、年復一年地沉浸在悲傷之中對自己來說是犯罪，對周圍的人來說也是犯罪。悲傷對任何人都沒有好處，對傷心的人自己更是如此。你整日唉聲嘆氣，不但自己不開心，別人也不開心。死者長已矣，他看到你悲悲切切的樣子也會不高興的，而你周圍人受你的抑鬱所籠罩也會感到壓抑、受傷害。你的感傷無非是一種顧影自憐的表現，是極端自私的表現。生命中曾經擁有的歡樂和舒適如今已經消逝，那麼為什麼不生活在曾經擁有過的美好記憶中呢？為什麼就因為無法再享有同樣的快樂就讓你自己和別人痛苦呢？從瑞士度假回來的人，因為不能總待在幽幽山谷中欣賞美景就傷心哭泣，你會怎麼想他呢？當然，你希望他重新快樂起來。當他描述美景和快樂時，你多麼希望他的眼睛能再次明亮，舉止能再次靈活啊！

　　「因此，」霍瑞斯·弗列卻爾說，「應該說死亡並不是將相愛的人們活活拆散，你曾經擁有過他這就是莫大的榮幸，為此你應該心懷感激，而不應為他的逝去而遺憾。」

「對於生離死別，我們更應該豁達一些：『永別了，我最親愛的人，你走向死亡，走向天國，這是自然界發展的必然結果；我也將很快隨你而去，我的快樂與你相伴，相信你不會寂寞，也會永遠快樂，你的快樂祝福我的愛；你給我的記憶將永駐我心。』」

　正如霍瑞斯・弗列卻爾所說，生氣的形式和原因有很多種，生氣的根源就是恐懼。生氣是因為害怕受到肉體傷害、害怕遭受物質損失、害怕失去快樂、害怕別人說了或做了什麼而傷害到你們的名譽或友誼。充滿自信、大義無畏、鎮定自若的人是不會生氣的，他所遭受的考驗和磨難足以使另一個人一天歇斯底里、崩潰大怒好幾十次。順便插一句，「歇斯底里、崩潰大怒」確實是十分精確地描繪了生氣的樣子。人的精神和身體和諧在生氣的時候全盤崩潰了，需要很久才能修復。

　自控能力強的人就不容易生氣。他能理性思考、判斷形勢後果。你生氣是因為人家誹謗誣陷你。仔細想想，其實根本不值得為這樣的小事生氣。你生氣是因為害怕別人相信你的人品和誹謗誣陷者所說的一樣差。如果你很自信，覺得自己的名聲不差，人家誹謗你對你來說就像狗叫一樣，或者就當他說的是外語，你根本聽不懂、不用搭

理。如果你不想因為這點小事影響到你，你就根本不會受影響。你是什麼樣的人就是什麼樣的人，別人說什麼都無所謂。米拉博對待誹謗的態度還是很明智的。在馬賽演講的時候，人家說他是「誹謗者、騙子、殺人犯、渾蛋」，他說：「先生們，我會耐心等待，總有一天這一切惡語中傷會煙消雲散的。」

為別人的錯誤而生氣是很愚蠢可笑的。這並不能使別人改正錯誤，也不能告訴他什麼是錯，什麼是對，使他不再犯同樣的錯誤。生氣絕不是好辦法。與其生氣白白損耗掉體能，不如用更好的辦法解決問題。

無論因為什麼生氣，你過後都會發現生氣的原因都是微不足道的。愛發火的人第二天轉念一想，就會覺得自己做得不對，就會回過頭來道歉。如果你能用明天的觀點來看待今天的事情，就不容易勃然大怒了。要培養樂觀的情緒，對所有的人都要有愛心，你就很難再對他們發脾氣了。內心充滿樂觀、充滿愛，也就不容易嫉妒、憤怒。不良情緒會毀了你的幸福和健康，解決問題的法寶就在你自己身上，在你的思想上和行動上。很久以前，愛比克泰德使用了這種方法，並說：

「想想你不生氣的日子吧。我以前總生氣；後來控制

自己變成每三天生一次氣；再接著，每四天生一次氣。如果你能連續一個月不生氣，就能很好地控制自己的情緒了，就應該感謝上帝了。」

第六章　不良情緒能扼殺生命

第七章
控制情緒

壓力訓練是變得堅強的不二法門。你能很好地控制自己、認真地工作，日復一日、年復一年地嚴格訓練自己，你就能學會人生哲學中的至高真理 ── 完美地控制自我。

真正的人應該知道自己需要的是什麼，他總是嚴格按人生準則行事，從不會讓情緒控制住自己。

── 特魯

當你遇到困難、諸事皆不順的時候，當你四面楚歌、天空陰暗看不到一絲陽光的時候，正是你展示個人勇氣、顯示你個人特質的時候。如果你勇敢堅強，逆境會激發你的勇氣。面對困境不屈服、不妥協，才是成功的基石。

早上起來，一想到困境你就會感到傷心難過、灰心喪氣，要鼓起勇氣，無論發生什麼，都使那天成為你生命中最值得紀念的一天。如果那天你一如既往地抑鬱消沉，那你就什麼也做不成；如果你打起精神，你肯定能有所作為。

人天性懶惰，遇到困難要麼會越過去，要麼會繞彎走。困難像惡龍一樣尾隨著你，奪走了你的幸福，如果你一味哀傷抑鬱，絕不能殺死那條惡龍。不要逃避困難、繞開困難，要迎困難而上，抓住那條惡龍的頭，掐死牠！

「首先，」弗蘭克・哈德克在《意志的力量》中說，「我

們應該憑藉頑強堅決的意志力完全消除生氣、憤怒、嫉妒、抑鬱、吃醋、鬱悶、焦慮。它們都是生理學上的邪惡情緒；它們透過毒害、扭曲細胞，妨礙血液正常流通，干擾我們的思維，殘害我們的身體；它們產生的毒素可以致人死命，並造成神經細胞分裂。它們能使身體長期虛弱，造成精神萎靡；它們能使人悲觀失望，不抱理想，意志消沉。我們應該堅定地把它們從我們的生活中趕出去，永遠也不要讓它們再回來；我們要將它們殺死，讓它們從我們面前徹底消失。只要你能做到這些，意志力就會大增，就能應對一切困難！」

　　如果你總是憂鬱沮喪、多愁善感，如果你總喜歡擔心什麼事，擔心犯了錯阻礙你的事業發展，那你就永遠無法擺脫這種情緒。總是處在這種情緒當中，只會使這種情緒加重。如果你能改變思路，想想高興的事，欣賞一下美麗的藝術品，看看優美的大自然，讀讀有用的、勵志的書，憂鬱的情緒就會煙消雲散。相信吧，陰霾終會散去，陽光依舊普照大地。威格斯夫人說：「在難過的時候，笑一笑就能變得快樂；在自己痛苦難當的時候，想想別人也有苦處，就會釋懷許多。要堅信太陽終會透過厚厚的雲層照耀大地。」

　　有位非常快樂、非常陽光的女士告訴我，她曾經極度哀傷抑鬱，但當她感到鬱悶的時候，她就逼著自己唱快樂高興的歌，彈活潑的鋼琴曲，這樣她就很快高興起來了。

　　用良性情緒驅散不良情緒是非常好的辦法，但前提是良性情緒一定要比不良情緒更具影響力。

　　「克服懶惰的唯一辦法就是工作」拉塞福說，「克服渺小自我的唯一辦法就是奉獻；克服懷疑的唯一辦法就是按照基督的旨意擺脫疑慮；克服膽怯的唯一辦法就是在你渾身發抖時全身心投入地做一件可怕的工作。」同樣道理，克服不良情緒要用良性情緒充斥你的頭腦和思維。這需要極高的意志力。克服缺點錯誤的好辦法就是堅定地想著別人的優點，不斷實踐別人的優點，直到別人的優點變成你的優點。抑鬱的時候想快樂的事、做快樂的事，你就能變得快樂。總是想像自己很快樂就能讓自己變快樂。當你成為不良情緒的犧牲品時就對自己說：「不良情緒不是真的，我心情不錯，狀態也很好，上帝從沒想過讓我這麼難過。」你心裡要總想著以往快樂幸福的時光，這樣才能驅散陰鬱的影子；要總想著做過的成功的事，這樣才能趕走失敗的鬱悶。當悲傷來襲，要想著快樂的事。讓希望幫助你，勾畫未來靚麗成功的畫卷。就這樣用希望、用快樂包

裹自己，只需幾分鐘，你就會驚異地發現，曾經一度侵擾你的抑鬱消沉都已經煙消雲散了。它們就像陰間的鬼魂經不起陽光的照射。此刻陽光、快樂、幸福、和諧是你最佳的保護神，不和、陰鬱和疾病早已消失得無影無蹤。《奧祕》雜誌的一名作家說過：「困難經不起我們的漠視和嘲笑。當我們遠離困難，忘卻它們，心裡只想著更有趣的事，暗暗嘲笑它們，就會覺得它們無足輕重。它們就只能害臊地偷偷溜走，越變越小，不知躲到什麼地方去了。」

只要竭盡全力，就能控制自己的情緒。受控於自身情感的人永遠也不是自由人。面對思想上的敵人，仍然可以傲然挺立的人才是自由人。如果每天早上你都要自省一番，看看自己是不是很好地控制了情緒，是不是能做好當天的工作；當起床的時候非得看看自己的精神是否愉快，是勇氣十足還是膽怯不已，那你就還是你自己的奴隸，你就不會成功也不會高興。

每天早晨你充滿自信地醒來，做一個人最該做也最能做好的工作，你的未來是多麼不同啊！沒有什麼能妨礙你成功。你無所畏懼、無所懷疑、無所焦慮，你的情緒是那麼高昂！

100 萬個人當中只有一個人面臨危險困境時能鎮定自

若、意志堅強，其他人由於缺乏自信，受控於不良情緒而變得抑鬱煩悶，人生最重要的一課就是學會堅強，這是成功的先決條件。只要努力，每個人都能學會堅強。一旦變得堅強，你就不必再羨慕別人能平靜、毫不猶豫、充滿自信地做事，帶著國王般的尊嚴朝人生目標邁進。他們只不過是能正確地想問題，有效地控制情緒、控制自己、控制別人、控制形勢。只要你願意，你也可以和他們一樣。

壓力訓練是變得堅強的不二法門。知道什麼是對的就要做什麼，即便你並不愛做。你能很好地控制自己、認真地工作，不管工作是多麼難、多麼令人討厭。日復一日、年復一年地嚴格訓練自己，你就能學會人生哲學中的至高真理 ── 完美地控制自我。

第八章
悲觀毫無用處

　　大千世界總用你對待它的方式對待你：如果你微笑，它也報之以微笑；如果你皺眉，它也會報之以皺眉；如果你歌唱，它會邀請你加入快樂的歌詠隊；如果你思考，思想家將會和你一起思索人生重大問題；如果你熱愛這個世界，積極尋找這個世界的真善美，你不但會擁有一大群充滿愛心的朋友，大自然還會把世界的寶藏送到你懷中。

—— 齊默曼

　　學會尋找陽光，對陰暗的、骯髒的、變態的、變形的、不和諧的要堅決說不。牢牢抓住能給你帶來快樂，能幫助你、啟發你的東西，你對事物的看法會發生翻天覆地的變化，你的性格也會很快發生改變。

　　真奇怪，很多人願意迫不及待地自找麻煩、製造麻煩，這是多麼愚蠢的行為啊！他們願意自找麻煩，而且每次都是不找則已，一找一籮筐。這是因為心裡老想著麻煩，就能製造出麻煩來。據說在美國西部剛剛開發的日子裡，生活十分動盪危險，常常帶著手槍、左輪槍和獵刀的人總惹麻煩，但什麼武器也不帶的人，相信自己的良知、自控能力和機智幽默，反而沒什麼麻煩。有些事對帶槍者來說一定要訴諸武力不可，但對於不帶槍的理智的人來說

只不過是個玩笑。所以說自找麻煩的人會遇上麻煩。因為自己總是灰心失意、沮喪悲觀、抑鬱憂愁，所以他們更樂意接受消沉沮喪、毀滅性的東西。對於快樂的人來說這些都是不足掛齒的小事，應該一笑了之，然後拋之腦後；可愛發牢騷、悲觀失意的人卻總愛把它當作可怕的徵兆，使他更感到有種難以言表的憂愁煩悶。

很多不快樂的人就這樣養成了不快樂的習慣，他們老是抱怨天氣不好、吃得不好、交通太擁擠、同事不好相處。人早年養成的最不幸的習慣就是愛抱怨、愛批評、愛找碴、愛看事物的陰暗面，因為過後人就成為了奴隸。人在壞習慣的驅使下變得越來越變態，最後變成慢性的悲觀失意、玩世不恭。

有些人專門自找麻煩，成千上萬的人都是自己無病找病。他們隨身帶著瘧疾藥、感冒藥和治各式各樣病的藥，因為相信總有一天會得病。他們去歐洲旅行時，帶上了個小型藥鋪，能治各種可能得上的病。也真奇怪，就是這些人總生病，要麼得感冒，要麼得傳染病。而其他人總想著好事而不是壞事，從不覺得自己會生病，出國既不帶藥，也不得病。

有些人總覺得下水道有異味，空氣不新鮮，住的地方

不衛生，不是地勢太高就是太低，不是陽光太刺眼就是太陰暗，反倒特別容易生瘰疾。他們身體有點疼痛就覺得得了瘰疾。當然，他們最終確實得了瘰疾，因為是他們專找瘰疾病生，希望得瘰疾。如果發現沒得病，他們還覺得失望呢。他們錯就錯在腦子「秀逗」了，如果腦子裡總想著瘰疾，總想著下水道的怪味，身體肯定有反應，這只不過是時間問題。

有些自找麻煩的人總是擔心自己的胃有問題。他們腦子裡有非常詳細的食譜，吃什麼東西好，什麼東西不好，還偷偷希望能再找到一些不能消化的食品。他們每吃一口飯都覺得消化不良，覺得吃什麼都傷身體。懷疑和害怕影響了消化，影響了胃液分泌，甚至完全阻斷了胃液分泌，身體當然出問題了。

還有些特殊人群認為空氣是諸多疾病的病源。現在整個法國都覺得空氣傳播疾病。美國人到巴黎晚上睡覺時隨手開了窗，人家立刻警告他小心得紅眼病、肺病、感冒，甚至有可能突然死亡。只要窗子打開，這些疑神疑鬼的人就覺得會感冒，結果他們還真的感冒了。恐懼和焦慮使人的抵抗力下降，成了弱不禁風的人。

如果自己的鄰居得了病，那些希望自己得病的人肯定

會得。如果孩子咳嗽了，或臉頰有點潮紅，也不感到餓，他們就確定孩子肯定得了可怕的病。

　　最可悲的是很多人固執地認為自己得的病是遺傳性的，最終會要了他們的命。他們覺得自己的心肺先天功能很差，消化功能很差，總想著大難要臨頭了；他們覺得自己來日無多，掰著手指頭過日子，個人的抑鬱影響了全家人的生活。像這樣的人成千上萬，他們最需要的是良好的精神狀態，快樂、充滿希望的人生觀，並在樂觀的人生觀指導下積極地從事各種活動，但事實上是，他們最後都淪為江湖庸醫的提款機。他們大把大把地吃著廣告上介紹的藥，可普通讀者都知道那是假藥；他們養富了一大批時髦醫生，然而自己的日子卻越過越苦。我真希望自己有本事能讓這些人覺醒，讓他們意識到命運實際由自己的思想掌控。意志會治病、會起死回生，只要擁有堅強的意志就能擺脫精神和肉體疾病的困擾，就能使生命變得無比燦爛輝煌、無比神聖偉大。

　　很多人總抱怨時運不濟、窮困潦倒。他們無論到哪都滿臉寫著不幸，到處宣揚自己是多麼失敗、多麼倦怠、多麼無力、多麼毫無生氣。他們總是抱怨，但從不想法做些什麼改變一下狀況。

　　我認識的一個聰明絕頂、精神健旺的年輕人開始自主
創業，但他有個不好的習慣，總是說自己的生意不好。
無論何時別人問他生意怎樣，他都說：「很糟、很糟，沒
生意可做，根本沒生意可做。將就能生存吧，根本賺不
到錢，我希望把它給賣掉。做這行是個錯誤，要是拿薪水
也許要好得多。」這個年輕人習慣這麼說了，即便生意不
錯，他也這麼說。漸漸地，他讓人感到灰心喪氣，說起話
來也灰心喪氣，讓人感到厭煩，覺得這麼個前途無量的年
輕人毫無成功希望、毫無未來可言。

　　老闆要是這樣問題就大了，因為悲觀的情緒會傳染
的。它會毀了員工對自己的信心、對公司的信心，人們也
不願意為悲觀失意的人工作。在快樂、樂觀的氣氛中而不
是悲觀失意的氣氛中工作才能激發人們的活力，工作才能
做得更多、更好。總說生意很差的人永遠也不能比總說生
意很好的人更成功。總把事情說得很差就會使思維向惡
性、破壞性方向發展，而不是向積極創造性方向發展，而
積極的創造性是事業成功的關鍵。悲觀失意會造成不和諧
的氛圍。當一個人口口聲聲說日子很差的時候，生活是不
可能蒸蒸日上的。

　　我們最大的敵人就是錯誤地運用想像力。很多不幸

福、不快樂的人是因為他們總想像自己被虐待、被輕視、被忽略、被議論。他們想像自己是一切邪惡侵犯的目標，是嫉妒的對象，是各種病態心理的受害者。事實上，這些想法都是錯覺，在現實中根本不存在。

悲觀失意是最不幸的精神狀態。它扼殺了幸福，扼殺了有用的人才；使人精神恍惚，生活變得一團糟。

總是悲觀絕望的人讓周圍的氣氛都變得悲觀絕望，自己也永遠那麼可憐。他們總戴著墨鏡看事情，把一切都看成喪禮，除了黑色其他什麼也看不到。他們的生活之音永遠是悲哀淒婉的小調。在他們的世界裡找不到快樂和明媚。

這些人總說貧窮、失敗、倒楣、命不好、日子難過，以至於整個人都浸泡在悲觀失意中。他們原本有那麼一點點快樂的天性，因為長期不去開發，漸漸萎縮消失殆盡。他的悲觀情緒肆意膨脹，再也無法獲得正常、健康、快樂的心情了。

這些人無論到哪裡都帶著悲觀的情緒令人不愉快、不舒服。沒人喜歡和他們交談，因為他們總說些倒楣不幸的事。對他們來說，生活困難，經濟拮据，世風日下。到後來，他們就越來越悲觀，脾氣越來越暴躁，精神狀況不再

平衡，變得病態、變態。人們害怕他們、畏懼他們，避而遠之，就好像他們是毒氣一樣。

　　家裡有這麼個抑鬱煩悶、看什麼什麼不順眼的人，全家都受影響，家裡不再有和諧寧靜。這樣的人和環境總是格格不入，自己也覺得不快樂，還總是竭盡所能讓所有人都不快樂。這種思想狀況不但容易誘發疾病，而且一旦得病還會無藥可救。喬治‧坦尼在療養院生活過，他寫道：

　　「幫助一個與周圍的人和事都格格不入的人就好像要救一個溺水者，他想死，可我們偏不讓他死。有些人花大量的時間就是為了給自己找新的負重，找到了，就非常高興，立刻套在脖子上，使自己下沉得更快些。自甘沉淪的人其實內心深處也在和環境作著不懈的抗爭，但沒有什麼比自找麻煩更能妨礙人恢復正常狀態了。讓那些頭腦混亂、極度不滿的人吃藥或接受治療無異於火上澆油。他肯定會更生氣、更窩火，只有上帝才能治癒他們的心靈疾病。在用上帝的力量為他們治病的同時，還得靠吃藥等醫療輔助，同時必須讓他們感到是上帝在用仁愛、用醫藥來給他們治病。上帝是那麼仁慈和智慧，會為我們找到出路。我們感念上帝的恩德，感念他為我們做的一切，不論我們是否喜歡他為我們做的一切。」

「焦躁不安的人從不想自己到底為什麼會這樣。」Ａ・Ｊ・桑德森博士說，「但焦慮對身體的影響是一樣的，在精神長期抑鬱的影響下，身體機能削弱、衰退。如果某個身體器官由於其他原因受到損害，在兩種因素的雙重影響下，人會很快得病。

　「如果疾病伴有劇痛，精神壓抑更會嚴重阻礙身體康復，甚至加重病情。精神壓抑甚至比疾病本身還要妨礙身體康復。精神力量是大自然賦予人類的戰勝疾病的最佳法寶，失去了它，康復無從談起。」

　自找麻煩最具殺傷力、最令人討厭的表現就是故意找茬兒，總是批評別人。有些人氣量狹窄，一點也不寬宏大量。他們吝嗇於誇獎別人，不承認別人的優點，總是批評別人的行為，表現出一種病態心理。

　人不要自找麻煩、不要自找失敗、不要自尋醜惡、不要自尋變態、不要找碴、不要被騙。眼睛不要總盯著那些變態的人，要看上帝創造的傑出人才。在人生之初就要下定決心，不要批評也不要譴責別人，不要挑別人的毛病和短處。總愛找碴、總愛挑剔、喜歡諷刺挖苦、凡事總愛批評而不是表揚，是十分危險的習慣。它就像該死的蟲子撕咬心頭的玫瑰花蕾，會使你的生活變得動盪、變態甚至苦澀。

一旦養成這個壞習慣生活就會變得不和諧、不快樂。總愛吹毛求疵的人不但毀了自己的性格，還會毀了自己的人格。

我們都喜歡陽光、聰明、快樂、充滿希望的人，沒人喜歡總愛抱怨、愛找碴、愛誹謗人、愛中傷人的人。全世界的人都喜歡愛默生，沒人喜歡諾爾道；都喜歡對未來充滿希望、對自己的事業充滿信心的人；都喜歡看人長處而不是人短處的人。無所事事的人喜歡傳瞎話，他們舌如毒箭，激動起來亂發脾氣，他們或許得到了片刻的滿足，但過後就會受醜惡本性的懲罰，他們還奇怪為什麼別人活得好好的，自己活得就不愉快呢？

人生要尋找真善美，而不是假惡醜；尋找高尚美好，而不是卑鄙齷齪；尋找陽光快樂，而不是陰暗抑鬱；尋找信心希望，而不是悲觀失望。看事物要看陽光的一面，而不是陰暗的一面。試試吧，其實將臉朝向陽光和朝向陰暗一樣容易，但卻使你發生翻天覆地的變化，可以使你由不滿變得滿意，由痛苦變得快樂，由失敗變得成功，由垂頭喪氣變得意氣風發。

學會尋找陽光，對陰暗的、骯髒的、變態的、變形的、不和諧的要堅決說不。牢牢抓住能給你帶來快樂，能

幫助你、啟發你的東西，你對事物的看法會發生翻天覆地的變化，你的性格也會很快發生改變。

很多人都覺得如果環境不同就能快樂得多。事實是，環境和人的脾氣、秉性沒什麼必然的連繫。

我認識很多人失去親愛的朋友，命運多劫難，但他們勇敢地和困難抗爭，永遠那麼快樂、充滿希望，還激勵了周圍的人。

總是不高興的人，總是抱怨環境不好、運氣不好，口袋裡沒錢的人要記住，成千上萬的人和你的境遇一樣，但比你快樂得多。

如果你總愛說生意不好、時運不濟、朋友不義，應該改變一下思維，反過來看問題，很快就能改變思想、改變環境、改善條件。

堅強勇敢的人是不會讓自己說話消極、思想消極的。他從不說「我不能」而說「我能」；他從不說「我會試試」而說「我會去做」。總是畏首畏尾、認為自己不行毀了無數年輕人和成年人。一旦養成消極、懷疑的習慣，就會打擊自己的信心和銳氣，就會成為渺小自我的奴僕。除非能改變思維、改變說話習慣、改變行為習慣，否則永遠無法生活得自由愉快。

　　相信自己、相信上帝才能樂觀、和諧。悲觀思想對健康有害，對精神有害，對生意也無益。心態平衡的人永遠不會懷疑什麼，而且永遠不會招惹麻煩。他知道健康和和諧才是人生唯一永恆的東西，疾病和不和諧都是暫時的，黑暗不會永遠籠罩生命，一切只是因為光明還未到來。讓自己保持平和的心態，生活就此會變得完全不同。

　　想想為什麼會生病吧，急躁易怒的人
　　總會招致可怕的厄運，並甘願享受痛苦。
　　在昏暗陰沉的時刻想想幸福和快樂，
　　回憶美好，忘卻悲哀，
　　用意志享盡人生最後一絲甜蜜幸福。

第九章
愉快思維的力量

樂觀就是有信心能夠成功。沒有希望就沒有收穫。

—— 海倫‧凱勒

生活中成功的人都是快樂幸福、充滿希望的人。他們永遠面帶微笑做事，笑看人生的變化機遇，坦然面對艱辛磨難、成功順利。

—— 查理斯‧金斯萊（Charles Kingsley）

樂觀的人具有悲觀的人所沒有的創造力。只有陽光快樂、充滿希望、樂觀向上的個性才能使生活由苦變甜，才能掃除人生道路上的荊棘泥濘。快樂幸福的人比抑鬱沮喪的人更有意志力。快樂是大腦永恆的潤滑劑，正是快樂驅散了磨難、擔心、焦慮和悲慘的境遇。快樂的人生機器永不磨損，而悲觀的人生軸承過於脆弱，經不起磨損，最後只能被淘汰。

「快樂是保持健康、治癒疾病的最重要因素。」A‧J‧桑德森說。快樂不是藥卻有藥的作用。藥物會使身體發生化學反應並產生大量廢物，因此俗話說「是藥三分毒」，而快樂是透過正常反應，影響人體的各個生理機能。它能使你的眼睛更明亮、皮膚更紅潤、腳步更輕快，提高整個身

體機能。血液流速加快，輸氧能力提高，疾病消失得無影無蹤，人也就越來越健康。

阿拉巴馬州 10 年前有個農民得了肺病。一天他在耕地的時候吐了大量的血，醫生告訴他由於失血過多，他可能會死。他只說他還沒準備好要死，因此拖了很久，但也起不了身。他後來慢慢有了點力氣，能坐起來了。後來就開始練習大笑，看見什麼笑什麼。他就這麼一直練習大笑，雖然別人覺得根本沒什麼可笑的。他漸漸變得強壯結實起來。他說他敢肯定如果不是練習大笑他早就死了。

「大笑療法」── 以快樂取代煩惱、憂慮和抱怨，使很多人擺脫了疾病的困擾，恢復了健康。只要抱怨挑剔，就是承認敵人有力量制服你，縱容你的劣根性把你的生活弄得一團糟。要打敗妨礙我們快樂的敵人，否認它們的存在，將它們從我們的頭腦中趕出去，因為它們只不過是我們頭腦中的幻像。我們只承認和諧、健康、美麗、成功才是真實的，它們的對立面都是虛幻的。

「我竭盡全力，」有位偉大的哲學家說，「不讓任何事情干擾到我，無論發生什麼我都認為是好事，都應該感謝一切，這是我們的責任。如果不這麼做，就是犯罪。」

約翰・盧伯克爵士也說過類似的話：

「如果每個人都信守《聖經》上所說的職責和幸福觀，那麼世界將變得越來越好、越來越明媚。我們必須盡可能地快樂，因為只有自己快樂，才能帶給別人快樂。」

只有心態平和才能使自己健康、快樂。內心平和安詳，身體機能才能有條不紊地正常工作。身體健康是要講平衡的。平和的心態使人健康；紛亂、不平和的心態使人生病。

平靜、專心致志地工作能成功，生氣、毛糙地工作會失敗。

在平靜、平和的心態下工作，工作成果自然、富有激情，而在偏執、煩躁的心情下工作卻不會這樣。平靜祥和，就永遠不會不滿、焦慮和野心勃勃，就永遠不會犯罪，就會遠離無聊和邪惡。它永遠與良知相伴，與誠實和公正為伍。

陽光的人更容易在生意場取得成功。無論誰都願意和愉快、討人喜歡的人打交道；無論誰都會本能地躲開脾氣乖戾、易怒、讓人瞧不起的人；無論誰都寧可少做點生意、多花點錢也要和樂觀的人打交道。

當今的很多大企業家做起生意來都過於嚴肅、過於認真。如今在美國生活比全世界比歷史上的任何時期都要奮

發圖強。生活太緊張、壓力太大，因此我們需要不斷地緩解壓力。陽光、快樂、優雅的人就像在 8 月酷暑吹來的一股清新的海風。我們喜歡這樣的人因為他使我們暫時忘卻了緊張、壓力。興奮、快樂的旅遊者們一年中有幾個月會在鄉間度過，鄉村小店的店主翹首企望他們的到來。那時旅遊者不但給他們帶來了好生意，而且帶來了興奮和快樂。笑臉相迎、言語悅耳的店員比不討人喜歡的店員更容易吸引顧客、賣的商品更多。大型企業的管理者和促銷人員一定要討人喜歡，善於調解各種矛盾，贏得人們的好感。新聞記者同樣要靠朋友才能獲得新聞採訪的入場券，發現事實，找到新聞。所有的門都是為陽光的人敞開的，他是被人請進門的，而令人討厭、愛諷刺挖苦、抑鬱陰沉的人只能破門而入。禮貌、愉快和脾氣好的人從事別的工作也能做得不錯。

員工如果本人個性開朗聰明，不但自己過得幸福、快樂，而且事業也更順利，錢賺得更多，升職得也越容易。埃默里・貝爾說她自己就是這樣成功的：

「我過去很長一段時間性格是很鬱悶的。有天早上我開始工作的時候，下定決心要用快樂思維法。我對自己說：『我已經注意到快樂思維對身體會產生有益的影響，

所以我想試試看如果我的想法正確的話，快樂思維對其他方面會有什麼好處。』我很好奇，我就這樣不斷試驗，目標越來越堅定。我堅信，只要我快樂，世界也會對我越來越好。我很吃驚地發現，我的精神狀態越來越好，腰挺得越來越筆直，腳步越來越輕快，就好像走在雲裡霧裡一樣。我幾乎沒有察覺到，有一次才突然發現，我總在微笑。在街上，我看見很多婦女的臉滿是煩惱、焦慮、不滿甚至是氣憤。我很同情她們，我希望我感受到的陽光，她們也能感受到。

「一到辦公室，我和會計見面就寒暄了幾句，如果換一種心境我可能都不會那麼做。我不是個天生頭腦反應靈敏的人，那天我們倆的關係開頭很好。她也感受到了我的善意。我的公司老闆很忙，操心的事很多。我因為性格和所受的教育，非常敏感。他那天說我工作做得如何如何的話，平時我聽了會覺得很受傷，但那天我下定決心不讓任何事情毀了明媚的好心情，所以一點沒生氣，反而很高興地回答他。他的臉色也舒展開了，那天我倆的關係開頭也很好。那一整天，我都那麼做，不讓任何陰雲毀了我美好的心情和別人美好的心情。回到家，我也那麼做，原來我覺得在家時，家人有些疏遠我，沒人同情我，但那天我感

受到了我們是那麼情趣相投和情意融融。如果你能率先走出一步示好，別人也會向你示好的。」

「所以，姐妹們，如果你認為世界待你不好，不要猶疑，對自己說：『即便頭髮花白，我也要保持年輕的心態。即便生活並不順利，我也要為自己高興地活著，為別人高興地活著，將陽光播撒給所有我遇到的人。』你就會發現花兒在你周圍綻放；你再也不會缺少朋友、感到孤獨。有了上帝的眷顧，你將感到平靜安閒。」

世界已經有了太多的悲傷、痛苦、淒慘和疾病。它需要陽光，需要閃耀著幸福的快樂，需要勇氣提升我們的信心。所有人都需要鼓勵而不是打擊。

陽光的人無論走到哪裡都會播撒快樂和幸福，陰鬱、傷感的人無論到哪裡只會傳播失望和悲觀。有誰能衡量陽光的人的價值呢？每個人都會被陽光快樂的人吸引，而反感陰沉、鬱悶、悲傷的人。我們羨慕有人能無論到何處都像精靈一樣用全身的快樂感染周圍的人。金錢、房產、土地和這種性格相比無足輕重。播撒陽光的能力比美麗的容貌更加寶貴，比物質財富更加值得人們珍藏。

生活在陽光裡的人是多麼富有啊！擁有陽光的性格是一筆多麼巨大的財富啊！他無論到哪裡都會發出快樂的光

芒，播撒快樂的種子，使憂鬱的心變得開朗，絕望的情緒變得快樂。如果你擁有快樂的性格，同時舉止得體、人品高貴，那麼沒有任何物質財富能與你媲美。

這種財富並不難獲得，陽光般的面孔是溫暖、大度內心的反映。陽光首先不是照耀在臉上，而是照耀在內心。臉上綻放的快樂微笑不過是內心陽光的流露。

對一切人都擁有一顆博愛之心，穿透人和人之間的籬柵，走入他們的內心深處，對所有人都播撒愛的種子，很快就能收穫無價之寶 —— 愛。只有當我們自己內心完美，才能理解和發現別人的美和高貴。能使別人感到輕鬆、愉快和自我滿足，是千金難買的能力。

陽光的人能驅散所有人身上的陰鬱、憂愁、擔心和焦慮，就像太陽趕走一切黑暗一樣。一屋子的人有一句沒一句地聊著，都感到有些厭倦了，但當他走進人群中，立刻像暴雨後陽光透過厚厚的漆黑雲層改變了氣氛。每個人似乎都受到這個快樂的人的感染，又開始攀談起來，時斷時續的談話重新變得活躍愉快起來，整個氛圍變得輕鬆愉快，到處充滿了歡笑。

在生活中，你能做的最大的一件事就是為他人服務，就像你能為工作和事業播撒快樂一樣，你也可以為家庭和

親朋播撒快樂。這樣，你不找生意，生意也會找上門，你不主動找朋友，也會結交知心朋友，整個社會都會為你敞開大門。快樂的性格是巨大的財富資本，是吸引人生幸運的磁石。

如果有必要，強迫自己學會發現別人的優點，發現別人的長處，仔細觀察別人的優點和長處，並使它們發揚光大。看人不要看別人身上變態、撒謊、難懂、滑稽的東西，而要看到他也是上帝的作品，他也有優點。約翰·羅斯金（John Ruskin）說：「不要想你自己的缺點，更不要想別人的缺點。從每個走近你的人身上發現優點和長處。尊重他，為能和他在一起感到快樂。如果可能，盡可能地模仿別人的長處和優點，變別人的長處和優點為自己的優點。你自己的缺點就會像秋日的落葉一樣凋零。」

如果你在某個人身上確實沒有發現任何可取之處，他沒有任何優點和長處可言，也要下定決心絕不說他的半句壞話，就當作什麼也沒看到，這也會使你的生活大為不同。如果你只播撒快樂和祥和，你就會很快發現萬事萬物也會用同樣的方式回饋。如果你總看到事物陽光的一面，你就會發現世界上其實無所謂煩惱，即便有一點點煩惱也會變成好事。你那愛生氣的面龐和憤世嫉俗的話語掩蓋了

真實、健康、快樂的自己，趕快扔掉了吧！你將擁有人類一切美好的福祉。

> 抓住陽光！不要為
> 黑暗的浪濤哭泣！
> 生活是波濤翻滾的海洋，
> 我們只能面對。
> 穿越巨浪啊！不要遲疑，
> 戰勝巨浪滔天，
> 在海的那邊，
> 有一束耀眼的陽光！
> 談談快樂的事吧，沒有你的哀愁，
> 世界也已經如此悲傷。沒有一條路會永遠坎坷。
> 尋找那平坦敞亮的大路吧。
> 長期的壓力已經使你疲憊不堪，放輕鬆吧，
> 你的不滿、悲傷和痛苦已經太多，放輕鬆吧！

—— 艾拉·惠勒·威爾考克斯（Ella Wheeler Wilcox）

第十章
否定扼殺潛能

　　要完全放棄對自我的否定，自我否定只能讓你想起你想忘記的東西。單純地口頭描述我們想忘記的情形和事實，也在腦海中形成了不好的印象，給自己不好的暗示。

—— 阿格尼絲・普羅克特

　　無論做什麼，如果你不認為你有能力去做，你就永遠也做不成。只有感到自己有能力去做，並在心裡想好怎樣去做，你才能做好。在實現目標的過程中，要不斷自我堅定信心、鼓足勇氣。

　　持否定態度只會讓你一事無成。否定意味著日漸衰退、破壞直至死亡。否定態度是有可能成功者的最大敵人。總愛把事情說得很糟，總愛抱怨日子艱苦、生意難做，反而更容易招致破壞性的負面影響，使你的努力白費。

　　那些想事愛往壞裡想，說話也總愛說喪氣話的人是不會有建設性思維的，因為他的想法和積極樂觀的思維南轅北轍，他根本無法積極樂觀地思考問題。創造性思維和否定、破壞性思維是風馬牛不相及的，懷著否定、破壞性思維去工作只能一事無成。所以習慣於否定思維的人總在走下坡路，做什麼事都是失敗。他們沒有主見、隨波逐流、舉步不前。

年輕的朋友們，如果一味沉浸在否定思維當中，會扼殺你的雄心壯志，會毒殺你的生命，會剝奪你的力量，會泯滅你的自信心，你將成為自己的奴隸而不是自己的主人。有自信心的人才有能力做事。無論做什麼，如果你不認為你有能力去做，你就永遠也做不成。只有感到自己有能力去做，並在心裡想好怎樣去做，你才能做好。「磨刀不誤砍柴工」、「工欲善其事，必先利其器」。做事前，一定要在腦子裡想好，再動手去做。

　　你心中滿懷疑慮，對事情有所排斥，那麼就不會把事情順利地做好。沒人能擺脫強加在自己身上的束縛和限制。想要飛黃騰達，就要超越思維界限，將所有否定的想法扔出腦袋。在成功之前只想著成功，不能想著失敗。在實現目標的過程中，要不斷自我堅定信心、鼓足勇氣。

　　小男孩在早上說：「我起不了床，根本起不來；試了也白試。」除非他下定決心，有充分的信心，覺得自己能夠起得了床，否則他永遠也起不來。

　　如果他總是說「我起不了床，試了也白試。我知道我自己不行，別人行，可我不行」，那麼他永遠也不能早起。如果他總想著自己功課學不好、題不會做，總想著自己考不上大學，那他就永遠也做不到這些事。很快，他就

成了「我不行」這種慢性病的重症患者，成為否定思維的犧牲品。「我不行」成了他的生活習慣和口頭禪，一切自尊、自信和個人能力都將付之一炬。他還沒出門就已經失敗了。

相反，一個總說「我行」的人，無論遇到多麼大的艱難險阻，都會說：「我要堅持做下去。」在做事的過程中，他越來越堅定，自信心越來越強，做事的能力也越來越高，最後他就成功了。

如果老是不務正業想著醫學或工程問題，律師是無法在本職工作中有所建樹的。要想成為名律師，除了法律條文和案件，別的什麼都不能想，只能想著法律。你必須廢寢忘食，完全沉浸在法律條文中。如果腦子天馬行空地胡思亂想，總想著跟本職工作無關的事情，還能把工作做得很好，這是絕對不合乎科學道理的。總是想著自己不行、自己無能，但還希望獲得堅強、充滿活力的意志，這種思維也是很愚蠢、很荒謬的。

只要你總想著自己的身體、精神和思維上的弱點，你就無法達到所期望的成功高度，無法實現你的最高理想。

只要你允許腦海中存在破壞性的否定思維，你就無法擁有創造力，你就永遠是個弱者。

總想著壞事、倒楣之事、失敗之事的人，他的人生必定也多災多難。如果女孩總想著自己多麼醜陋、多麼土氣，那她的外表和氣質永遠也不可能變得漂亮起來。如果她想變得漂亮，她腦子裡就必須想著自己是最漂亮的姑娘，並且不斷努力，裝扮自己的外表，提高自己的氣質。只有內心想著自己一定會變得漂亮，她才能變得漂亮。如果她總想著自己很醜、甚至畸形，總是為自己長得很難看而傷心，那她永遠也不能變得漂亮。

　　年輕人就是因為總想著自己無能、自己有缺點，在事業上才駐足不前的，這是多麼不幸啊！將這些虛幻的魔鬼、這些可惡的敵人從成功和幸福的道路上趕走，從你的腦海中趕出去。奮力爬出絕望的山谷，走出毒害你的沼氣池，擺脫使你多年窒息的卑鄙糾纏，走入清新的空氣中，盡享力量與美，你就能有所成就，你就能成為一個了不起的人。

　　如果你能意識到正是病態的想法、失敗的想法打消了你的士氣，使原本能夠成功的你變得稀鬆平庸，你就不會甘於沉淪在失敗的山谷中，甘於生活在社會的底層。

　　當你被貧窮的想法所監禁、所奴役，相信自己就是個窮命，天生就是倒楣蛋，永遠也不可能像別人那樣有錢，

你怎麼可能自由、怎麼可能富有、怎麼可能快樂呢？

如果你對自己的能力缺乏信心，認為機會是別人的，機遇永遠也不可能垂青自己，你怎麼可能為富裕而奮鬥呢？當你總想著自己會失敗，你又怎麼可能奮發圖強、不斷努力呢？你不相信自己能夠掙脫籬柵的束縛，沒有辦法樹立自信心和勇氣，給自己一個正確的評價，為自己找個恰當的落腳點。你總想著貧窮，念叨著貧窮，做事像個窮人，連做夢都夢見自己是個窮人，這就難怪你為什麼不走運了。

你把自己變成了專吸霉運的吸鐵石，拒絕一切成功，只吸引失敗，並且漸漸地使自己失去力量，不能擺脫病態、死亡的環境。

很多人在自我強加的病態心理中無奈度日。他們意識到自己思想中存在病態心理，但不能進入健康狀態。腦子裡病態心理根深蒂固，最終影響了他們的身體健康。

比如，你相信自己有某種可怕疾病的遺傳基因，例如癌症，而且醫生跟你說 40 歲以後癌症病症就會顯現出來。於是你期盼著癌症病症的出現，本來身上只是一般疼痛，但卻惡變成腫瘤。

有個年輕的姑娘，身體十分嬌弱，動不動就感冒。還在幼年時期別人就告訴她要特別注意身體，因為她從她媽

媽那裡遺傳了得肺結核的可能性，她媽媽就是死於肺結核。肺結核的陰影和結核病對身體的破壞作用在年輕的生命中留下了深深的烙印，妨礙了她健康快樂的成長和自我免疫功能的發揮。她最後還真得了肺結核追隨她母親而去了。

總是擔驚受怕會毀了人的胃口、干擾人的消化、妨礙營養的吸收，最後身體就會變得虛弱。如果這些還不足以讓病人喪失信心、打擊她的生存欲望，旁邊人還會對她說她臉色很差，她越來越瘦了。他們總說：「小心點，要知道你媽就是受了風寒得感冒死的。」他們讓她吃好多魚肝油和營養品，但這些營養品和精神的抗病能力相比無足輕重。他們殘忍地剝奪了上帝賦予每個人的自我保護能力。孩子美好的心靈會自然地感到自己是受上帝保護的，因為人就是上帝模仿自己的樣子造出來的，上帝會保護自己的孩子，沒有誰能改變這個事實，但他們卻破壞了孩子心中美麗的想法。

看著那麼多人一輩子這樣苟延殘喘地生活，拖著即將要把他們壓垮的重負，最終被可怕的命運壓垮、被可惡的疾病擊倒，這是多麼令人心痛啊！而這都是由於祖先的罪過造成的。這就好比爸爸犯了搶劫罪或殺人罪，兒子就得

蹲監獄、上絞架一樣。年輕人應該儘早擺脫這種詛咒的哲學束縛。持有這種人生哲學不但殘忍而且荒謬。有陽光就會有陰影，有愛就會有恨，有和諧就會有隱藏的不和，大自然就是這樣，沒什麼好奇怪的。上帝不會這樣毀滅我們的生活和未來。這些可怕的圖畫都是那些不信神的畫家自己畫出來的。無論我們出生在何種人家，我們都有無窮的力量戰勝各種困難。

第十一章
肯定創造力量

　　如果你堅信自己有能力完成任務，相信自己能完成任何事情，毫不畏懼困難，毫不畏懼挫折，就沒有什麼能阻擋你成功的腳步。永遠相信自己有能力成功，永遠堅定地做下去，就能使我們超越困難、戰勝挫折、笑對不幸，就能使我們更加有力量獲得成功。

　　肯定就是有意識地說出事實，讓事實成為表達人生的指導力量。

　　只有認為自己能行的人才行！世上只有有著堅定信心的人才有路可走。別人遇到障礙物會舉步不前，遇到絆腳石會摔倒，只有藐視障礙物、藐視絆腳石的人才有路可走。愛默生說的那種「能將馬車開到星星上去」的人比像蝸牛一樣慢吞吞的人更容易實現自己的目標。

　　自信是成功之父，它能使你能力增強、精力充沛、意志力突出、能力加倍。

　　你的想法使你自己更加相信；更加相信使你更加堅定；更加堅定使你更加自信。如果你不自信、不堅定、猶豫不決，只怕會一事無成。有些人一點也不堅定，他們很容易為他人的觀點所左右。假使他們下定決心做什麼事，他們的決心也可能隨時動搖，碰到一點點挫折就會偏離既定的目標。那些堅定的人不得不為他們扼腕嘆息，不得不為他

們感到遺憾。這樣的人反覆無常，根本靠不住。他們無法下決心，無法做決定。

如果人沒有下決心的能力，那他還算是個真正的人嗎？他的承諾非常膚淺，說話不算話，沒人能信賴他。他也許是個好人，但他不能讓你信任。如果發生了什麼要緊的事，沒人會想起去找他。如果不能下定決心做什麼事，人一輩子只能一事無成。只有意志堅定，敢以自己的性命做擔保，這樣的人才無比堅強，下了決心也會堅持到底，這樣的人才是可信賴的人。他有影響力，說話有分量，即便有人持反對意見，只要他一張口，就能拍板。

如果你知道凡事堅持的力量，明白一旦下定決心就要堅持到底，無論做什麼你都會成功，你的生命將發生翻天覆地的變化。

我們一直在談論意志的力量。意志實際是決心的另外一種表現形式。下定決心做事和肯定自己有能力做事實際上是一回事。如果你無法確定自己有某種能力完成工作，你就永遠也不能完成工作。如果你堅信自己有能力完成任務，相信自己能完成任何事情，毫不畏懼困難，毫不畏懼挫折，就沒有什麼能阻擋你成功的腳步。永遠相信自己有能力成功，永遠堅定地做下去，就能使我們超越困難、戰

勝挫折、笑對不幸，就能使我們更加有力量獲得成功。堅定的信心使我們更加聰慧、更加有力量、更加頑強地走向成功。

　　不斷地肯定自我才能增強勇氣，而勇氣是信心的基石。當你身處困境，要對自己說「我別無選擇，我只能去做」、「我能做到」、「我會做到」。這樣你不但會勇氣倍增、自信心更強，而且膽怯、畏縮也會消失得無影無蹤，但凡能增強積極因素的力量都會削弱消極因素的力量。

　　只有懷著積極的心態才能克服困難，消極的心態是永遠也達不到目的的。除此之外，還需要力量。大多數人的心理素質都是自信、積極、進取的，但需要相應的思維指導才能發揮和應用。沒有這些，心理素質積極的人也成不了獨當一面的領袖。首先他必須學習、必須模仿，把消極思維變為積極思維，變懷疑為肯定，變退縮為勇往直前。只有堅決、果敢、積極的人才能成功。

　　如果你想在世上有所建樹，就不能讓「不幸」這個字眼片刻占據你的思維，不要認為自己比別人都倒楣得多。用盡你所有的力量否認自己是不幸的。訓練自己永遠不要讓自己覺得自己的精神、身體和思想上有很多缺點。不要認為自己是個弱者，別人能做自己卻做不了；不要覺得自

己有缺欠，只滿足於在世上充當次要角色。要像掐死毒蛇一樣，掐死對自己的懷疑，因為懷疑威脅到你生命的品質。永遠不說、不想、不寫自己的貧窮和不幸。將一切約束你、妨礙你、使你藐小、使你情緒低落的東西從生命中剔除。上帝從沒有造出這些東西，更沒想讓它們侵擾你、折磨你。他創造你就是為了讓你快樂，就是為了讓你戰勝困難。

堅信上帝對所有人都是公平的，我們很多時候都是在作繭自縛。無論發生什麼，從容淡定，保持樂觀，因為生活中本無悲觀的事。堅信正義終將戰勝邪惡，只有真實、高貴才是最後的贏家，相信自己是最幸運的一個，要慶幸自己生得其時、生得其所。要相信天生我才必有用，有用之才唯有我。你是天地間最幸運的人，天賜良機、身體健康、學識淵博，你注定會有所成就。

如果你失業正忍受貧窮，你要忘掉貧窮，想著上帝已經為你準備好大筆的財富等著你去享用。要堅決否認自己很窮、很苦、很不幸，要想著自己很好、很精神、很堅強，你一定會成功，你也注定會成功。要相信上帝已經安排好你成為了不起的人，你來到這個世界是有任務和目的的，上帝賦予你能力和機會實現這個夢想。

　　當你下定決心要獲得成功，請讓周遭的一切都預示成功。讓你的舉止、你的衣著、你的交往、你的談吐都透露出成功，讓你自己渾身散發成功的氣質。

　　每天早上醒來，你可以用一些勵志的話不斷激勵自己，一心想著成功、想著富裕、和諧，漸漸的你就會發現這麼做好處非常多。這樣在日常工作中就不容易出現不和諧。如果你還是懷疑自己是否有能力做什麼事，訓練自己要變得堅定自信。你身上的力量、自信、勇氣、正直和健康是永遠不能動搖的。這將會使你更加堅強，做起事來更加駕輕就熟、富有活力。

　　長期堅持這些理想，漸漸的你的人生觀也會發生改變。你會用新的觀點方法去看待和處理問題，生活也被賦予了新的意義。不斷地肯定自我會使你和環境更加和諧，使你自己感到滿足和快樂，這對你的身體來說是絕佳的滋補品。它會幫你培養個人力量，使你頭腦清醒、思維敏捷。大腦機器乾淨，思維才能敏捷，下決定才能堅決果斷。

　　如果你缺少某種優秀、積極的特質，不斷地肯定自我也能幫助你獲得這種優良特質。如果你生性膽小，就要增強勇氣，不斷告訴自己你無所畏懼。你勇氣卓絕，沒有

什麼能嚇倒你。你要清楚害怕就是因為感到有危險，當你非常肯定上帝派你來世上的目的，非常相信上帝對你的期盼，就沒有理由感到畏懼。人生只有一件偉大事業，其他都是虛假的。你必須逐漸擺脫恐懼感，獲得你期望的勇氣。

每次當你感到恐懼都要對自己說：「我無所畏懼，沒有什麼可怕的，恐懼是不真實的情感，事實上也沒什麼可怕的事情。我害怕只不過因為我沒有勇氣，我不明白上帝為什麼安排我來到這個世界。」愛默生了解人生哲學的真諦，他說：「不斷肯定自我，不要抱怨時運不濟，為一切美好的事物歌唱吧。」

如果你不希望心裡擔心的不好的事情會發生，就不要總把它放在心上。遠遠躲開負面思考、使你抑鬱悲傷的想法，就像本能地躲開對身體的傷害一樣。不要總是陷入不和諧、不愉快、脆弱、痛苦的思緒裡，用快樂、充滿希望、樂觀的思緒代替消極的思緒。當你感到悲傷、憂鬱、失望、灰心喪氣，要養成習慣多想想愉快輕鬆的事，仔細想想，會想起很多事情，哪怕只是一個詞、一件小事，你會很驚異地發現你的整個思路都變了。當思路變了，感覺也變了，你的勇氣和信心不斷提高，但和渺小自我的戰爭

只打贏了一半，你很快發現周圍的環境也變了。未來更充滿希望，你對人生的態度也越來越積極健康。你的信心滋養了你的勇氣，光明即將趕走黑暗。

　　如果你能不斷地自我肯定；如果你的目標單一明確；如果你集中所有的力量和注意力，你夢想的一切、渴望的一切都會唾手可得。只有全力以赴地做事，你才會成功，無論你追求的是健康、金錢還是地位。經常不斷地提醒自己要堅持，集中所有的注意力，當你足夠積極並且創造力也足夠的時候，你所期盼的東西就會降臨到你身邊，就像空中的東西受地球的引力總會掉到地上一樣。把自己變成一塊磁石吧，吸引一切好運氣！

第十二章
思想如影響力一樣永放光芒

看看兄弟的眼睛，那雙眼睛時而閃爍溫柔的火光，時而燃燒憤怒的火焰。你平靜的雙眼有時也會被它們點燃憤怒的火焰，甚至彼此澆旺憤怒的火焰，直到憤怒的火焰失去控制，演變成熊熊大火。仇恨是這樣一點一點累積的，同樣愛也是這樣一點一點澆灌的。人們常說神奇的美德可以由一個人傳遞給另一個人，恨和憤怒也可以一個人傳導給另一個人。

—— 卡萊爾

做一個永遠傳播成功氣息、健康氣息、快樂氣息、鼓舞氣息、幫助氣息的人，無論到哪裡都播撒陽光。你將會成為對社會有用的人，能為他人減輕負擔，為他人鋪路，為他人撫平傷口，為失意的人帶來安慰。

思想指導生活、思想永不枯竭，永遠指導生活。思想不是肉體或精神的囚犯，思想具有無比強大的影響力，時時刻刻從我們身上散發出去，可能會造福他人也可能會滋生禍端。

「天才和虔誠教徒的思想改變了世界。」愛默生說。他所指的思想包括寫在書本上的，布道壇上的教士說出來的，還包括平日普通人說的。甚至我們內心沒有表達出來

的思想也會影響到我們周圍的人、影響到世界。

　　每個人都擁有獨特的氣質，彰顯自己的個性、抱負和渴望。你的氣質是由控制一切的思想決定的。你的每個行為都流露出你的抱負。每個和你接觸過的人都會感受到你的氣質。

　　別人對你的評價主要來自你的思想而不是你的談吐。不要以為言談才是你的名片，也不要以為別人是透過你在眾人面前的表現評價你的。實際上你的想法才是決定的關鍵，你的思想決定別人對你的看法。他們能感受到你的思想是高貴還是低賤，是有力還是無力，是純潔還是骯髒，是崇高還是菜小。人們能透過你無聲的思想表達感受到真實的你，同時給你公平的評價。事實上，這種評價才是永久的，即便你口口聲聲說別人的觀點是錯誤的。正如愛默生所說：「你說話的聲音很大，可我聽不到你說什麼。」氣質是真實自我的表露。你的表現必定是真實的自我，不可能是虛假的。無論你裝成什麼樣，別人還是會看清你，給你一個公正的評價，而不會評價你虛偽的外表。

　　透過分析別人對你的影響，你可以準確地評價你對別人的影響。你了解你的朋友是因為你感受到了他們對你的影響力。你知道，無論你犯了什麼錯，他們都會同樣寬宏

大量、仁慈包容。他們總是不斷地將他們的思想照耀到你的心田。

如果他內心懷有敵意，如果他小肚雞腸，無論他裝成什麼樣，無論他多麼令人愉快、多麼討人喜歡、多麼體貼入微，他也不是裝出來的那個樣子，我們本能地會感受到他在演戲，本能地看出他真實的自我。他以為他騙得了我們，可我們已經本能地感到他是什麼樣的人了。

我們總聽人說：「我真受不了那個人了，他讓我渾身起雞皮疙瘩。」很多虛偽的人竭盡所能裝出一副偽善的外表來，總想著自己是天才的表演藝術家，能成功地騙倒所有人。

無論在家還是在辦公室，無論和任何人接觸，思想的流露都有著重要的作用。我們要加倍努力、小心謹慎地使自己思想的光芒能夠永遠幫助人、鼓舞人、善待人。

哪怕只有一次我們使快樂的人變得憂鬱、高興的人變得鬱悶、充滿希望的人灰心失意、充滿抱負的人垂頭喪氣，哪怕只有一次，我們對他的傷害就足以超過數年的傷害了。你吃驚地發現，因為你殘忍的思想影響，他的一生都變成了活生生的廢墟。很多人不是向他人傳播愛、傳播信心，而是這捅一刀、那刺一劍，殘忍、惡意地挖苦，冷

嘲熱諷，嚴厲地批評，無端地嫉妒。

陰鬱、消沉、垂頭喪氣的人，無論走到哪裡都散播消極情緒，影響了周圍的氣氛。他們的身上只有沉重、壓抑和悲傷。在這種氛圍中，是無法成功和無法幸福的。希望談不上，快樂更是不可能的。人們想笑也不敢笑，甜蜜、快樂的笑臉被陰雲籠罩。你感到如果再這樣生活下去就會發瘋的。當他拖著陰鬱消失在我們的視線外時，你如釋重負。

很多人讓人感到小氣、卑鄙。他也使我們變得小氣、卑鄙，而我們原來並不認為自己會是這樣，甚至自己都瞧不起自己了。婚姻使丈夫和妻子表現出不討人喜歡的一面，而他們以前從沒覺得自己有這樣的缺點。

有人能釋放出毒氣一樣的氣氛，讓能接觸到的所有東西都中毒。無論我們以前感到他是多麼寬宏大量、包容仁慈，但當他走近我們的時候，我們內心還是會感到不寒而慄。像受驚的河蚌，我們立刻閉上嘴巴不再說話，直到感覺已不再危險。直到他走出我們的視線，我們才又變得談笑風生、應對自如。和這樣的人在一起，我們就渾身不自在。我們試圖友好地對他，但總感到有些做作，和他在一起就是沒有和老朋友在一起的感覺。他一走，我們立刻感

到輕鬆許多，就好像胸中的一塊大石頭被搬走了一樣，我們又恢復了自我。

有人就像營養品、像興奮劑、像讓人無比清新的微風。他讓我們感到自己像獲得了新生一樣。他鼓舞我們、激勵我們，使我們反應更加靈敏、更加聰慧。他們打開我們語言和情感的閘門，喚醒我們內心詩一般的感情。

他們用人格魅力感染了我們，而我們也用人格魅力感染了其他人。我們的感受、我們的信仰、我們的情感和我們根深蒂固的信念都會感染其他人。我們的所思所想、所作所為無一不在我們的隻字片語、舉止談吐中流露出來。精神狀態是傳染的，和我們接觸的人會很快感受到。如果我們的精神和諧、平靜、堅強、健康，無論到哪裡，我們都會將健康、平靜、和諧傳播給其他人。

相反，如果你心存疑慮，如果你意志消沉，就會將消沉的意志傳染給別人。總愛自我貶低、懷疑一切、害怕失敗的人，又怎能獲得別人的信任和幫助呢？如果你卑鄙小氣、小肚雞腸，就會將這些情緒傳染給周圍的人。

如果你自私，你就會不自覺地傳染自私的思想。周圍所有人都會感到你卑鄙小氣，都會給你一個公允的評判。

如果你是個守財奴，貪得無厭，而你又無法擺脫貪

婪，你就會為此受到懲罰。如果你小氣摳門兒，就不會讓人覺得慷慨大方；如果你的人生觀使生活中的美都變得醜惡，如果你的個性卑鄙小氣，你就無法將美好播撒世界；如果你滿腦子想的是抑鬱悲戚、令人害怕的想法，你也只能將同樣的想法傳播給別人。你是渴望金錢和名譽，還是真心想說明別人，都會決定你能產生什麼樣的影響。

我們此刻表露的是思想，要是我們能控制我們的思想，使我們的思想乾淨、純潔、真實，而不是骯髒、萎靡、猶疑，該有多好啊！

如果你總懷疑僕人手腳不乾淨，那麼他們原本很誠實也會變得不誠實。你總是懷疑他，最後，他的內心就真的會萌生偷盜的想法，真的去行竊。

如果沒有充分證據證明別人不誠實，就不要懷疑人家，否則是很殘忍的。別人的精神也是神聖的，你沒有任何權利用你骯髒的想法胡亂猜疑別人。你腦子裡根本就不應該有這種卑鄙的想法，就像你不允許心裡有犯罪的想法一樣。有些人就是因為別人總用殘忍、惡意的眼光看他們，因此多年來一直生活得淒涼、痛苦、抑鬱、沮喪。

有些人無論到哪裡都散布恐懼、懷疑和失敗思想。這些情緒占據了他的思想，他本可以是十分自由，本可以快

樂、自信和成功的。

　　當你對別人懷有惡意、懷有不健康的想法、懷有不和諧的想法、懷有病態心理、懷有惡毒的心理，你自己的心理就已經有問題了。你要大聲喊出來：「停！向後轉！徹底改變你自己！」看看陽光，看看這美好的世界，如果你不能為世界做善事，至少你可以不散播有毒的種子，不散播邪惡、憎恨的毒液。

　　永遠對每一個人都友善、友愛、慈愛、慷慨、大度。這樣你就不會使他們感到壓抑，不會阻礙他們成功的腳步。永遠播撒陽光和快樂，而不是悲傷和陰影；播撒幫助和鼓勵，而不是拆臺和洩氣。

　　做一個永遠傳播成功氣息、健康氣息、快樂氣息、鼓舞氣息、幫助氣息的人，無論到哪裡都播撒陽光。你將會成為對社會有用的人，能為他人減負，為他人鋪路，為他人撫平傷口，為失意的人帶來安慰。

　　學會播撒快樂吧！不要吝嗇、不要小氣，慷慨大方地播撒快樂吧！毫無保留地播撒快樂吧！把它播撒到家庭裡，播撒到大街上，播撒到汽車裡，播撒到商店裡，播撒到每一個角落，讓玫瑰綻放美麗、吐露芬芳！

　　當全世界的人們都知道愛能治癒心靈的創傷，能撫慰

傷口；和諧、美麗、真實的思想能使我們崇高、美麗、高
貴，而仇恨只能帶來破壞、死亡和痛苦，他們就明白生活
的真正含義了。

第十二章　思想如影響力一樣永放光芒

第十三章
思想帶來成功

勇於自稱為王的人，

會平靜地等待，

匆匆的命運充分滿足

他的要求。

—— 海倫・威廉姆斯

　　做大事的人都是十分果敢的。他們能力非凡，從不知道什麼是不行。他們意志堅定、能力超群，任何困境都難不倒他們。當他們下定決心做事的時候，他們理所應當地認為沒什麼能妨礙他們。

　　有人被非常強壯的人施了催眠術，讓他相信自己被施了魔法，無力再從椅子上站起來，直到魔法解除；嬌弱的女人在著大火或發大水時能背得動比她沉得多的人脫離危險。這兩個例子都是關於身體的，但都說明精神而不是身體決定了結果。完成任務需要或完全需要精神潛能力量，這樣才能成功。精神和思維的力量是多麼強大啊！全世界的征服者，無論是在戰場、生意場或內心戰場，都是靠精神的力量才取得勝利的。

　　我多麼希望能讓年輕人知道精神的偉大力量，了解精神首先勝利才能獲得成功。要相信天賦我才，相信自己一

定會成功。上帝讓我們來到這個世上，就是讓我們成功而不是讓我們失敗的，如果失敗就破壞了他的計畫。要徹底改變我們的生活，拋棄一切疾病和煩惱。

　　總認為自己不行，總認為自己無法擺脫環境的束縛，總認為自己是環境的犧牲品，就會削弱我們的能力，我們本來能夠富裕也會貧窮，本來能夠成功也會失敗。這種想法是病態的，必然造成病態的結果。人天生具有控制一切的能力，可你偏偏束縛了自己，使自己變得軟弱。最終你只獲得了貧窮、悲慘、奴役，而不是富裕、幸福和自由。如果不相信自己能擺脫可悲的境地，又怎能成功呢？如果總覺得自己不能成功，又怎能成功呢？如果不是志向高遠，又怎能一飛沖天呢？如果所思、所想、所說、所做只有失敗，又怎能成功呢？人不能同時朝兩個方向走。如果懷疑就不能肯定，除非能將「命中注定」、「我不行」、「懷疑」這樣的字眼從你的字典裡刪除，否則永遠不能崛起。如果相信自己很脆弱，就永遠不能強壯；如果永遠沉浸在痛苦和不幸中，就永遠不能快樂。

　　那些總是想、總是說自己身體不好的人，其實也想變得健康強壯，如果他想他就能。儘管他懷疑自己有能力做事，他也總希望自己有能力變得堅強、活躍。沒有什麼比

總覺得自己軟弱，總懷疑自己有能力做事，更能摧毀人的意志，使人無法正常思考的了。

很多人還沒開始做事就已經失敗了，因為他們懷疑自己沒有能力。當你開始起步創業的時候，如果懷疑自己，無疑就像敞開大門讓敵人攻進你的軍營，讓奸細出賣你一樣。疑慮是失敗家族的一員，一旦讓它走進你的家裡，轟又轟不走，接著「放寬心先生」、「高興先生」、「別在意先生」和「等待先生」等其他幾位家庭成員也會蜂擁而至。腦子裡一旦只有這些「先生們」，他們就會吸引和他們一樣的「先生們」，你就不再有希望，不再有抱負了。當你無所事事甘願做個失敗者，你對富裕的渴望、對成功的熱切就都煙消雲散了。你不再有精力，也不再有能力獲得成功。你的思想和行為無一不流露出失敗的情緒。

承認自己有弱點，就是承認失敗，你也就完蛋了。失去毅力也就是失去希望，你已經放棄了奮鬥，而別人根本幫不了你。世上最讓人瞧不起的事莫過於看到一個人屈服了、放棄了，說自己「不行了」、「沒用了」、「全世界都拋棄我了」、「我真是倒了八輩子楣了」。如果總想著自己已經摔倒了，那你就永遠也不能再站起來，就只能眼睜睜看著別人成功。只有改變思路，才能改變境遇。如果總說自

己倒楣，又怎能走運呢？如果總想著自己是條可憐蟲，那你就永遠也成不了龍。你無法超越自我，無法改變自我。如果你認為自己確實不快樂、不走運、很可憐，你就會永遠這樣。除非你改變你的想法，否則世上根本沒有什麼靈丹妙藥能讓你擺脫困境。逆向思維能使身體狀況發生逆向改變，就像陽光和雨露注定會使玫瑰綻放一樣。想要成功、想要快樂沒什麼祕訣，要在科學規律中尋求。

做大事的人都是十分果敢的。他們能力非凡，從不知道什麼是不行。他們意志堅定、能力超群，任何困境都難不倒他們。當他們下定決心做事的時候，他們理所應當地認為沒什麼能妨礙他們。他們心中從沒有任何疑慮和恐懼，無論別人怎麼嘲笑他們，甚至說他們是怪胎，他們也不在乎。事實上，幾乎所有成功的人在他們成功以前都被人叫過怪胎。現代文明進步使這些偉人具有無比的自信心，他們不屈不撓，堅信「天將降大任於鄙人」，即便遭遇再大的挫折，也沒有什麼能動搖他們的信心。正是他們推動了人類歷史向前發展。

當人們謾罵哥白尼和伽利略是怪胎、是瘋子的時候，如果他們放棄了科學，世界又會是什麼樣子呢？他們堅信地球是圓的，地球圍著太陽轉，現代科學正是建立在他們

的理論基礎上的。當全歐洲人都嘲笑哥倫布，說他是怪胎的時候，假如哥倫布失去信心，放棄尋找新大陸，世界又會是什麼樣子呢？假如賽勒斯・韋斯特・菲爾德在大西洋鋪設電纜的時候，電纜一段一段地斷了，他十幾年的辛苦付諸東流。他就此放棄，那世界又會是什麼樣子呢？親友們說他是在浪費金錢，他會破產而死的。如果他聽從了他們的勸告，世界又會是什麼樣子呢？有本書寫到船無法裝載足夠的煤穿過大西洋，富爾頓偏不信這個邪，他不顧人們的嘲諷，堅持研究。如果富爾頓放棄了研究，那世界又會是什麼樣子呢？他活著看到他設計的船載著那本書穿越了大西洋！亞歷山大・格雷漢姆・貝爾為做電話試驗，花掉了最後一美元錢，全世界的人都叫他怪胎。如果他失去信心，放棄接著做試驗，那世界又會是什麼樣子呢？

　　薩佛納羅拉初到佛羅倫斯時，只是個衣衫襤褸、名不見經傳的教士。他看到由於教會奢華墮落、趨炎附勢、追求享樂，勞苦大眾民不聊生，他下定決心要改善窮苦人民的生活水準。儘管當地教會不斷用金錢賄賂他，但他從不為所動，堅持自己的理想。當時美第奇是佛羅倫斯的最高統治者。那時的羅馬教皇──舉世聞名的亞歷山大六世只願意和有錢有勢的人打交道，但這一切並沒有打垮我們

樂觀自信的宗教改革家——薩佛納羅拉，他幾乎是單槍匹馬地和一切邪惡勢力抗爭，堅信正義終會勝利。他最後成功地推翻了美第奇的獨裁統治，建立起他夢想中的國度，那裡「正義統治一切」。薩佛納羅拉最後被處死了，但後來又被封為殉道士、聖徒。他幫助實行了新教改革，完成了自己的遠大理想。

議會召見詹姆斯·沃爾夫（James Wolfe），告訴他議會選他做加拿大英軍總司令，並問他是否有信心結束加拿大的戰爭。沃爾夫長劍一揮，削斷了桌子，表示自己完全有信心。議員們非常反感這種自負和自大，都後悔不該選他做總司令。這位年輕的將領率領部隊縱橫馳騁於亞伯拉罕平原，他的自信使他擊敗了蒙特卡姆領導的法國軍隊。

拿破崙、俾斯麥、雨果和其他許多偉人都有無比崇高的信仰，別人也許會敵視他們、嘲笑他們，但信仰是成功的基本要素。信仰使他們普通的能力一倍、兩倍、三倍甚至四倍地放大。除此之外，我們又怎能解釋馬丁·路德、衛斯理和薩佛納羅拉的成功呢？如果沒有這種崇高的信仰，沒有對自己從事事業的執著，那個嬌弱的農村姑娘——聖女貞德又怎能指揮起一支法國軍隊呢？她又怎能領導上萬人的軍隊呢？正是信仰使她增添了無窮的力

量，甚至國王都服從她的意見。

當美國面臨內戰的威脅，那位謙遜、樸實的林肯對一些政治家們說，如果選他當總統，他當選後能控制住政府。想想出生在小木屋的人，沒有受過很高的教育，竟有如此的自信心！再想想格蘭特將軍的自信吧：兩年前他還是個名不見經傳的商人，出了他的社交圈沒人認識他。他告訴林肯總統他能結束戰爭。他真的結束了戰爭，儘管遭到了大眾最苛刻的譴責。如果當年林肯總統和格蘭特將軍因為大眾責難而失去信心，不再進行抗爭，美國還會是現在這個樣子嗎？

在格蘭特將軍之前，還沒有誰像他那樣那麼充滿自信。他毫不懷疑自己的自信心，因此他能完全控制住形勢。他知道只要有兵有將有機會，他就能打敗敵人。其他的將軍多多少少總有些猶疑，因此打的勝仗有限。

正是這種偉大的自信心和對正義事業的執著讓傑克森領著一小股軍隊在新奧爾良給訓練有素的英軍以致命一擊，也正是這種自信使泰勒在布埃納維斯塔率領 5,000 名美軍擊敗了由聖‧安納率領的兩萬人軍隊。

信心，絕對的信心能創造奇蹟、獲得成功，而懷疑只會破壞和阻礙。

堅定的信心能消除疑慮、猶疑和其他干擾，更加專心致志、全力以赴地做事。它能使人執著向前，不受外力的干擾。

　　許多成功的發現者、發明者、改革家和將軍們都具有這樣似乎能征服一切的信心。如果我們仔細分析失敗人物的例子，就會發現，很多人都缺乏成功人士普遍擁有的自信。我們無從知曉上帝給了成功人士什麼錦囊密令，讓他們此生完成怎樣的壯舉，但他們對自己無比自信，也相信自己有能力完成上帝的使命。如果上帝沒有賦予我們力量，他就不會嘲笑我們沒有信心完成他賦予我們的使命。

　　不要讓你自己或任何人動搖你對自己的信心，破壞你對自己的信心，這是任何成功的基礎。沒了信心，人會整個垮掉的。只要有信心，就有希望。內心懷有極大的、不可動搖的信心，有時甚至讓人覺得狂妄自大，但這是成功所必需的。

　　自信能幫助自卑的人消除恐懼、猶疑、焦慮，消除一切成功的敵人，去獲得他想要的一切。如果心存焦慮，就不能用心工作。舉棋不定的心理會導致舉棋不定的行為。一定要下定決心，否則就不會有行動，就不會有成果。沒受過教育的人相信自己，相信自己有能力做好一切，他們

的勇氣甚至讓那些受過高等教育的人感到慚愧。受過教育的人往往過於敏感，顯得信心不足，腦子裡全是些自相矛盾的說法，又充滿偏見，因此做事時就猶豫不決。

沒受過教育的人自信、堅強、活躍、果敢，他們沒有細膩的情感，沒有更敏感、更世俗的思想。他們的意志不會為什麼理論所削弱，也不會為他們不知道的知識所干擾。他只知勇往直前，而受過教育的人往往會躑躅不前。

不當教育往往造成年輕人缺乏信心、膽小怕事。上大學之前，年輕人還是信心滿滿，認為自己無所不能，並且勇於宣稱自己無所不能，可畢業後這些精神特質都消失殆盡了。他們越來越膽小怕事，做起事越來越畏首畏尾，嚴重阻礙了他們能力的發揮。

大家都知道，大學者一般都是事事退讓、膽小怕事，凡事毫無決斷。他們不好張揚，處處不顯山不露水。他們的理想性格就是謙卑和忍耐。這些品格使他們很好相處，但不會幫助他們成功。沒有自信、抱負和張揚，對他們來說也是很不幸的。無論身處怎樣的困境，都要保持積極進取、勇於冒險的精神，否則成功的腳步就會受阻。

第十四章
自信戰勝一切

　　信念能戰勝命運。如果你認為遇到的人和事都是上天的安排，就永遠不會扣動反抗的扳機。這種思維方式的結果就是順從。

—— 卡萊爾

　　相信自己有能力完成任務的人都是個性積極、堅強的人。有霸氣的人才能掌控一切，他渾身散發著自信和信心，能消除旁人的疑慮，旁人受他的果敢和信心的感染，相信他有能力能夠成功。

　　光有果敢、執著、自信還不足以成功，要想成功還需要別人對你有信心。別人對你的信心完完全全和你的自信心成正比，和你的人格對別人的影響成正比。你的觀念決定了別人對你的信心有多少。你的果敢堅強時時刻刻在感染別人，它以某種方式影響到你接觸的每一個人，尤其是你想掌控的人，無論是老師、傳教士、檢察官、銷售員、商人還是你將來的員工。信心以一種神奇的力量影響著別人。如果你有信心，會吃驚地發現它會很快影響別人，使他們更加信賴你，信賴你有能力做事。信賴使你享有聲望和信譽。

　　相信自己有能力完成任務的人都是個性積極、堅強

的人。有霸氣的人才能掌控一切，他渾身散發著自信和信心，能消除旁人的疑慮，旁人受他的果敢和信心的感染，相信他有能力能夠成功。人們相信有計劃、有謀略的人，他知道自己想要什麼，他從不猶豫不決，只是堅定做事。而他好像諸事順利事事成功。不喜歡缺乏自信的人是很容易和自信滿滿的人站在一起的。缺乏自信的人往往容易摔跤、喪失信心，而信心十足的人常常要風得風、要雨得雨。人性的特點常常是順水推舟、落井下石。人越是順利，越有人幫助；越是不順，越有人拆臺。如果你對自己缺乏信心，那麼整個世界就對你缺乏信心。

我們會情不自禁地仰慕充滿自信的人。他永遠不會遭到嘲笑、遭到唾罵罵、遭到貶損。貧窮不會使他失意，不幸不會使他消沉，困境不會使他偏離航向。無論發生什麼，他都會緊緊盯著目標前進。在開始打仗之前，具有堅毅的面龐和鋼鐵般的意志就已經贏了一半了。我就認識一個做任何事都堅持不懈一直做到底的人，他取得了巨大的成功，因為他從不猶疑，從不懷疑自己做事的能力。他自信，甚至有時自傲，不把任何人放在眼裡，但是人們就是臣服於他的自信。其他心思縝密、足智多謀的人總愛討論可能性和可行性，總愛舉棋不定、猶豫不決，可是他不就

是去做。這種人迫使反對者也相信他有能力，而不是理性分析他到底有沒有能力。如果你能力一般，但雄心勃勃、自信滿滿，就能擊敗比你強大得多的敵人，就能取得更大的成就。相反，即便能力超群，但膽小怕事、唯唯諾諾，也無法取得同樣的成就。有些博而不專的老師比那些學術精湛的老師教得好 10 倍。這句話讓人覺得沒道理，但事實就是如此。學術精湛的老師就好像茶壺煮餃子，不能把知識有效地傳授給學生，不能讓學生很好地掌握知識。學富五車可又教不好學生的老師唯一的改進辦法就是培養和提高自信心，才能給學生深刻的印象。

　　無論做什麼工作，我們極大依賴別人對我們信任，信任我們能制訂並履行計畫，能生產出高品質的產品，能管理好員工，能滿足雇主和公眾的要求。有時時間緊迫、工作任務繁重，我們沒有時間細細考量他是否有自己所表白的能力完成工作。因此，在很大程度上人們往往先接受他對自己的評價，然後給他機會證明自己。如果你亮出你的律師證，人們當然相信你就是一名律師，並且稱職。當然在工作中，也許人們會得出相反的結論。同樣的道理，醫生也不必向每位病人逐一證明他學過醫師課程，並且已經通過考試了。

承認自己不行，哪怕讓自己有片刻的疑慮，都會讓失敗有可乘之機。要堅信，不要猶疑，無論前路是多麼黑暗。懷疑自己，周圍的人就會立刻感受到，就會破壞別人對你的信任。很多人失敗就是因為他們散布了失望情緒，使周圍的人也悲觀失望。

　　如果你是老闆，你的員工會輕而易舉地判斷出你像個戰勝者帶著征服感和信心來上班，還是像個失敗者帶著懷疑和絕望來上班。透過你的臉色、你的舉止就能判斷出你今天做生意會贏還是會輸。

　　自信心對銷售行業比對其他行業要重要得多，無論你是銷售代表、銷售員還是店員。

　　在各式各樣的銷售行業中，偉大的銷售員都會運用催眠法，用精神影響顧客。很多顧客都是想買不買、猶豫不決的，如果銷售員能非常技巧地說句話，顧客可能就會掏腰包了。銷售員可以幫助顧客縮小挑選範圍，主動降價，或幫助顧客把商品先包起來，優秀的銷售員有很多辦法讓顧客下決心掏錢。要想熟練運用這些銷售技巧，銷售員必須堅定、果敢、自信，這樣才能影響到顧客的購買意願。如果上門銷售員流露出一丁點的疑慮，顧客就會立刻找機會逃掉，無論你費多少唇舌都無濟於事。

　　堅定的意志和精神力量對老師來說尤為重要。思考混亂、焦慮煩躁的老師會使一屋子的學生都心浮氣躁，而平和、穩重、從不發脾氣的老師會讓同樣的學生老老實實好好學習。老師必須克服學生對老師天生的抵觸情緒，讓學生喜歡自己，調解同學間的糾紛，讓毛毛躁躁的小腦袋瓜平靜下來，讓那些總是三心二意的小腦袋瓜專心學習，讓他們背誦很多難懂的知識。只有完美人格才能做到這一切，老師的教育過程實際就是個性的釋放過程。年輕人很容易受別人的影響，很容易感受別人的內心想法，他們知道老師是不是在意他們、是不是想幫助他們。自私、沒有同情心的老師，學生也能感受到。沒有同情心、沒有愛、不願意幫助人的人是絕對不適合當老師的。

第十五章
塑造人格

最常見的自欺欺人是，當你有了個好主意，就總做白日夢想像自己實現了，但實際上並沒有實現。有了好主意當然是好，可如果沒有堅強的品格實現它，它只不過是肥皂泡沫而已。

—— 莫祖達

必須堅定自己的思想，並付諸行動，直到思想能控制大腦，成為行動自覺。根據「學習、學習、再學習」的原則不斷實踐，讓思想溶化在血液中。最後，他的行動就會體現出高貴的品格。

年輕的女士可以數年一天幾個小時練習彈鋼琴、練習發聲唱歌；年輕人可以一連數年努力學習一門求職技巧；藝術家可以用半輩子的時間畫一幅畫；作家可以數年構思一本小說，但他們都不願意用一點時間塑造自己的人格，這多不可思議啊！只有完美的人格才能使你在任何情況下都心靈平靜、知足幸福。你花費一生最美好的時光只為賺幾千萬、幾百萬元錢，這多令人遺憾啊！你起早工作，卻從沒想過每天只要花幾分鐘的時間就能塑造健康、和諧、令自己滿意的人格，無論發生什麼挫折和失敗，都會心態平和、鎮定自若，這多麼令人可惜呀！

多數人都認為，無須特殊訓練，至關重要的人格就會自然而然地形成。也許如果你出身優越、成長環境良好，可能會自然而然地形成美好的人格，但大多數人都需要目標明確、積極努力才能獲得。正如赫伯特‧史賓賽（Herbert Spencer）所說：「如果不是政治的冶煉，我們不可能將鉛一般的本能變成金子般的行動。本質是可以改變的，改造的對象不同就要用不同的方法，修枝剪枝是為了使樹沿著筆直的方向生長。具有金子般人格的人才能做出金子般的行動。」

　　當樹芽剛剛從土裡冒出來，很容易就使它朝我們希望的方向生長，讓它長成我們希望的樣子。修剪是為了它長成大樹的時候更加美麗、對稱。媽媽如果知道該如何教育孩子，讓他遠離一切成長中的敵人，擺脫一切恐懼、焦慮、沮喪、病態心理、失敗情緒、邪惡思想和公認的不道德思想，她就知道怎樣輕而易舉地教育好自己的子女。

　　過去人們在塑造人格的過程中格外注重改善個人缺點。父母一天成百上千次地提醒孩子，你有這個毛病、那個毛病，直到孩子們腦子有了根深蒂固的想法，認為那些缺點錯誤是與生俱來的、根本改變不了的。這種塑造孩子人格的辦法無異於腦子裡總想著失敗卻要成功一樣。

總想著自己的缺點、罪過和錯誤會加深缺點、罪過和錯誤對人的影響，最後根本無法改掉。因為總想著自己的缺點，漸漸地就會拒絕培養優點。有些醫學院的學生總是讀某種疾病的資料，漸漸地自己就會出現這種病的病症，甚至真的得這種病。同樣道理，總想著優點，就會獲得成功和快樂。所以積極培養和提示優點有助於人塑造最健康的人格。

要告訴孩子們說話要非常小心，語言不是抽象的東西，它會在別人的腦海中產生某種印象，不同的語言有天壤之別。幸福還是快樂，成功還是失敗，都在於用什麼樣的語言。說明孩子們用好的語言很容易，好的語言能描繪美妙的生活畫卷，帶來快樂、光明、和平、舒適和幸福。要去除不和諧、刺耳的語言，它們汙染了我們的思想，最終毀掉了我們的人格和生活。

現在幼稚園都在做各式各樣的遊戲，喚醒和培養孩子美好的特質。例如「公平遊戲」、「勇氣遊戲」就是訓練培養孩子們的能力和人格的，據說對孩子產生了非常好的影響。例如不斷讓孩子們做「禮貌遊戲」，男孩子漸漸就會培養出一種騎士精神和禮貌，見到女士能想都不用想就會脫帽致意。

理想家庭是不斷培養提高孩子道德修養的地方，父母要和孩子們一起玩勇氣遊戲、禮貌遊戲、幫助遊戲、慈善遊戲、誠實遊戲和忠誠遊戲。剛開始時模仿，後來這些美好的特質就成為自己的特質了，美好、甜蜜、堅強的特質就塑造成功了。年輕人的品格都可以不斷提高和改善，我們更有理由相信經過堅持不懈、科學合理的培養，小孩子的品格便能夠得到提高和改善。我們不斷地向孩子們灌輸美好品格，漸漸美好的品格就會成為他們個性中不可或缺的一部分，就像做數學題做多了，立刻就能算出加法減法的得數一樣。首先，我們必須不斷提示孩子，不斷地讓他們想自己擁有美好品格，當他們能自覺地重複美好品格，再試試他們是否能像自動算出數學題一樣行為得當。如果能，那麼說明他們已經獲得了我們所期望的美好品格。

　　必須堅定自己的思想，並付諸行動，直到想法能控制大腦，成為行動自覺。根據「學習、學習、再學習」的原則，要不斷實踐，才能讓思想溶化在血液中。最後，他的行動就會體現出高貴的品格。

　　據說手指訓練，也就是讓手指更加靈活的訓練能提升大腦功能，使腦力大大增強。那些懶惰的人、做事腦子像不夠用的人，能在極短的時間內就聰明起來，熱愛工作。

如果動機明確，並積極進行提升腦力的訓練，腦力就會很快提高，喚醒你沉睡的雄心壯志，充分施展未開發的能力。

在家裡連父母都感到失望的孩子，換個環境可能會變得非常傑出。他一旦從商、上學，完完全全靠自己，他的整個人格就會發生改變。

Ａ·Ｔ·斯科菲爾德提出父母可以有很多辦法塑造孩子的品格：一是養成良好的道德觀；二是選擇、控制生長環境。這樣美好的身體、精神和道德暗示，而不是邪惡的暗示就會在腦子裡生根發芽；三是以身作則、講故事為孩子灌輸崇高理想，為孩子樹立人格發展方向；四是教會孩子正確的思考模式；五是在環境中鍛鍊意志，學會勇敢克服困難，但要注意不要挫傷他們的信心；六是平衡各種思想傾向，既不激進也不落後；七是既然下定決心就要堅決實現；八是堅守道德關，遠離邪惡；九是增強對自己、對別人、對上帝的責任心。

不要總是病態地反省自己，不要總想著自己的過錯以及該怎麼改錯，還是要多花心思想一想該怎樣培養美好的品格，讓心中充滿光明的、希望滿滿的、可愛的、積極向上的思想，並落實到行動上。

第十六章
提高能力

你會成為什麼樣的人？你擁有一切

所有的道路都為你打開，

真理之光為你照耀；

不要猶豫，不要疑問，

沉住氣，向世界宣告你自己！

—— 佚名

很多人經過堅持不懈的努力獲得了他們想要的東西，即便他們沒有完全得到，他們也離目標很近了。從出生之日起，我們就有能力提高自己吸引優點的能力，我們越是想獲得優點，獲得優點的能力就越強。

很少有人能做到心態平衡、八面玲瓏。很多人能力卓著，受過良好的教育和培訓，但總還有些不足的地方，人生屢屢受挫，沒有達到事業所能達到的極限。

很多人都有一些讓人瞧不起的小缺點，這些小缺點抵消了優點，削弱了優點發揮的效力。

如果沒有意識到自身存在缺點，甚至沒有改正缺點就過了一輩子是多麼令人遺憾啊！缺點也許微不足道，但如果就因為它使我們人生受挫，使我們的成功道路受阻，使我們總遭受侮辱，成千上萬次地使我們陷於尷尬境地，使

我們無法出人頭地，這又會是多麼大的不幸啊！

　　讓人瞧不起的小缺點使原本可能成為偉人的人變成平庸的人，使原本可能輝煌的人生變得不足為奇，這是多麼令人遺憾啊！如果父母和老師能夠指出孩子的缺點，並說明孩子改正這個可能是致命的缺點，不再沾染這個缺點，透過不斷鍛鍊個人意志，變缺點為優點，將會極大地幫助孩子，使他們免於失敗。

　　年輕人屈服於命運，認為命運已經由思想和遺傳傾向決定了，無論人做出多大的努力都是徒勞的，這種觀點是多麼可悲的事啊！如果稍稍擁有一點常識、稍稍改變一下思維方式就能改掉缺點，為什麼還要將缺點保留一生呢？

　　如果你意識到自己的思想存在缺點、存在不足，為什麼不集中精力、逆向思維、想想美好的特質和優點將會使你多麼幸運、努力改正缺點發揚光大優點呢？無數事實證明，只有正常的思維才能過正常的生活。

　　如果你暫時無法改掉缺點，那就至少不要讓缺點表現出來，甚至擴大缺點。單純地鍛鍊胳膊是不能擁有完美身材的，要想獲得完美的身材，必須進行全身鍛鍊。塑造人的精神世界也是一個道理。如果你非常渴望完成一件事，並且長期堅持不懈，你就會離目標越來越近，你就會得到

想要的東西。

如果你堅持不懈地想要擁有智慧，你就會變得聰明，但如果你心裡想著別的事情，而不是智慧，你是根本無法變聰明的。同樣道理，如果你只想著悠閒、快樂，你也會得到悠閒、快樂。

如果你希望自己健康，你的所思所想除了健康，就不應該有別的，腦子裡想著自己健康的矯健身姿，就像雕塑家欣賞自己的雕塑作品一樣，堅持這樣想下去，你就能獲得健康。

逆向思維也能擺脫貧窮。即便很窮，也要想著自己吃穿不愁，不用東省西省過日子，祈禱自己會過上富裕日子，富裕日子就會像綻放的玫瑰一樣來到你身邊。

「堅信你所期待的，它就會在你生命中出現。」

如果精神憂鬱症是你的致命弱點，你可以不斷練習努力將注意力集中到事情陽光、快樂、光明的一面，這樣你就能完全擺脫精神憂鬱症的魔爪了。如果能長期堅持這麼做，你就不再會有猶豫、陰暗的心情了。打個通俗的比方，如果有竊賊闖進了你的家門，你不會讓他在家裡多待一會兒的。你要像趕走小偷一樣趕走猶豫、陰暗的心情。打開百葉窗，讓陽光照射進來，陰暗就會消失。

這麼做並不難，但每次如果你對缺點姑息養奸，讓憂鬱的心情占據你的心，對它們聽之任之，讓它們堂而皇之地待在你家裡。總想著事物的陰暗面，就是鼓勵憂鬱、失意破壞你的生活，阻礙你事業的發展。

　　腦子裡要總想著自己的優點而不是缺點，你就會發現意想不到的結果。

　　我特別想告訴年輕人，要從出生之日起就鍛鍊自己的意志，養成堅韌不拔的性格。我們要意志堅決、勇往直前、絕不退縮，直到實現我們的目標。不要羞於一遍遍地重複我們想要獲得的美好特質和想要實現的美好願望。時時刻刻、永永遠遠地想著你的目標，下定決心實現你終生要實現的目標，告訴自己你的人生除此之外別無他求。你會驚異地發現你就像塊磁石一樣吸引來所有你期望的東西。

　　如果你期望自己有美好的品格，要大聲地對自己說，我擁有這種品格，無論發生什麼都要堅持擁有這種品格，絕不因為環境而改變自己的品格。這樣，你不但擁有這種品格，還會提升自己的人格，吸引更多美好的品格。

　　很多人經過堅持不懈的努力獲得了他們想要的東西，即便他們沒有完全得到，他們也離目標很近了，至少比不

努力得到的要多得多。從出生之日起，我們就有能力提高自己吸引優點的能力，我們越是想獲得優點，獲得優點的能力就越強。

有些人總是病態地沉浸在某種思緒當中難以自拔。他們相信自己從父母身上遺傳了這種思考傾向，並時時刻刻表現出來。其實這都是他們自己的原因，因為總想著自己有這種思想傾向，所以最終才真地有了。他們擔心、焦慮，這種邪惡的負面情緒也越積越多，人也變得越來越敏感。他們自己從不願意談起，也不願意聽別人談起他們的壞情緒，儘管自己心裡十分清楚正是這些負面情緒剝奪了他們的自信心、毀掉了他們的前程。

大多數負面情緒和怪癖特性都是想像出來的，而且越是覺得自己有就越多。如果你總是想著自己飽受負面情緒和怪癖特性的折磨，到時候它們就都變成真的了，再也擺脫不掉了。只有總想著好事，總想著自身的優點才能忽視缺點的存在，最終改正缺點。

如果覺得自己古怪，就想方設法讓自己正常點。對自己說：「我一點也不怪。我身上沒有這些怪癖。我是上帝按照他的樣子做出來的，我是完美的人，不可能做出不完美的事。即便有不完美也是不真實的，它們只存在於我的

大腦和想像當中，我的肉體存在才是真實的。我即便是有些不正常也是我主觀臆造出來的，上帝從未賜給過我不正常的思緒。他從未給過我不和諧的音符，因為他本身就是和諧的。」

堅定地懷有這種思想，你就會忘掉自身不正常的東西，它也會很快消失。相信自己和別人一樣快樂自信，你也會很快獲得快樂自信。

害羞也會變成病態心理，一種想像的病態心理。堅信自己信心十足，舉止落落大方，就會將害羞心理驅逐出腦際。讓自己相信別人並沒有盯著你看，別人都忙於實現自己的目標和野心沒工夫盯著你看，你就會變得越來越自信了。

第十六章　提高能力

第十七章
心中有美，人就會美

　　行為正確、思想公正就會將美的印記印在人的臉上。

　　　　　　　　　　　　　　　　　　　　—— 拉斯金

　　美不單純是表面的美，還包括內心的美、靈魂的美。美的基礎是仁慈、友愛的心，希望將陽光和快樂播撒到每個角落。美好的心靈會使你容光煥發，使你的面龐更加美麗。總期望著自己有美好的品格並為之努力的人也注定會有美好的人生，因為「相從心生，命隨相行」。人的面孔、舉止和行為無不是人的思維和動機的外在反映。思想高貴，面孔、舉止和行為必定變得甜美生動。如果你愛美、追求美，你就會給別人留下深刻而美好的和諧印象。

　　每個人都能獲得最高層次的美，這種美超越了肉體。我知道很多女孩都為自己長相一般而煩惱，並有意無意地誇大自己平凡的模樣。其實她們長得絕沒有她們想像的那麼差，這都是因為她們自己對自己的容貌太敏感、太注意了，而別人根本沒在意過。如果她們能不那麼敏感，更自然大方一點，堅持培養自己思維樂觀、舉止得體、聰明賢淑、樂於助人的品行，就能彌補自身先天欠缺的優雅和美麗。

　　我曾經認識一個女孩，她總是為自己長相平庸、舉止笨手笨腳而煩惱，快要成年的時候，她覺得自己一無是

處，悲觀失望甚至想要自殺。她覺得自己是別人譏諷侮辱的對象，沒人會喜歡她。突然有一天，她下定決心盡最大努力使自己擺脫悲慘的命運，她會讓所有人都愛自己，她會吸引他們而不是讓他們離得遠遠的。她要對他們展示無私的愛，使他們不得不愛上她。她的心靈越來越美麗，彌補了身體上的不足。她同情大眾，總想著人們的疾苦。無論她去哪裡，只要她看到有人不舒服、有麻煩、需要幫助，就會立刻給予無私的關懷，她也立刻獲得了別人的友誼。同時她還積極提高個人修養，使人們喜歡她，她變得越來越聰明、快樂、樂觀、充滿希望。她很快訝異地發現以前總躲著她的年輕人現在都聚集在她身邊，愛上了她。原來她以為是平凡的外表才使她不快樂，一無是處，但現在她的愛心不但成功地彌補了身體欠缺，而且她還擁有了靈魂美，靈魂美是不會隨著歲月流逝而消失的。靈魂美比肉體美要高貴永恆得多。她渾身散發著快樂的氣息，人人都喜歡她，連所謂的漂亮姑娘都開始嫉妒她了。

第十七章　心中有美，人就會美

第十八章
想像的力量

第十八章　想像的力量

　　世界的進步、文明的到來都歸功於想像。如果不是那些富有想像力，並下定決心讓人們生活得更好的人，我們可能還生活在寒冷的山洞裡，過著茹毛飲血的生活。

　　很多人擁有卓越的想像力，並致力於將想像變成現實，最後他們都為世界做出了傑出貢獻。

　　莫爾斯覺得有比信件更好的通信方式，因此發明了電報。貝爾認為有比電報更好的通信方式，就發明了電話。菲爾德認為有比船更有效的海上溝通方式，就設法鋪設了電纜。馬可尼的主意更高，這樣我們有了無線電話，乘客還在海洋中的船上就能叫車接船，並預訂旅館房間。

　　一位不知名的希臘雕刻家說米洛斯島的維納斯身材比例可以更美、姿態可以更誘人，但現在無人能做到。不過他的想法畢竟讓我們有了更高的奮鬥目標。

　　全世界的人都應該感謝米開朗基羅的想像力，他創作的絕世佳作〈摩西〉，讓我們看到了上帝的模樣。

　　偉大作曲家的想像力給我們留下了音樂經典。

　　商人想讓顧客在一個屋簷下就買到所有東西，因此他們建了百貨商店，滿足人們多樣化的購物需求。

　　教師發現想像力能使人類無限進步，因此我們有了學校和大學。事實上，什麼不是想像力的成果呢？沒有想像

力的人只能看到事物的原樣，有想像力的人改善了我們的生活，他們用汽車代替了馬車，用汽船代替了帆船。

藝術家的想像創造出比自然現實更美的藝術作品。光看到自然是不夠的，還要在想像中看到高於自然的東西，在現實中看到想像中的自然。

普通人並不認為富有想像力的人有什麼了不起。人們認為愛做夢的人是不實際的人，都是理論家，但事實上，很多愛做夢的人表現得比那些嘲笑他們的人還要實際，因為正是他們給了我們這麼多實實在在的東西；正是他們使我們的生活條件得以改善，使我們擺脫了繁重的勞動，擺脫了平庸。

世界欠這些愛做夢的人、這些「怪胎」、這些理論家太多了！

有些人之所以成為偉人，是因為他們都擁有一顆非凡的心。他們經過艱苦抗爭，促進了文明的發展。父母想像著子女比他們更優秀、更完美，他們能夠將孩子們托得更高。

總有一天，所有人都會意識到想像力對生活有多麼重要。它對教育、對樹立理想、對事業、對健康和快樂都具有不可估量的影響力。

　　想像不是為了娛樂，也不是為了嘲諷自己，是為了讓我們把它變成現實。想像是未來的草圖和暗示，是對未來的無限憧憬。

　　想像是對未來的預言，能激發起我們的雄心壯志，督促我們前行，使我們不滿足於平庸的生活，讓我們期待更美好、更快樂的生活。

　　想像不是大腦的痴心妄想，它是一種美好的理想，因為有榜樣、有能力，我們才會將想像變成現實。

　　如果能夠從積極的方面指導孩子的想像力，他在將來就能獲得成功和快樂，但變態的想像力則會帶來痛苦和陰鬱。

　　培養孩子想像美麗的圖畫，而不是可怕的畫面，激發他們的積極的想像力，而不是盡想些可怕、失意的東西；想著和諧、美好，而不是不和諧和醜陋。這筆精神財富比任何物質財富都要有價值得多。

第十九章
時光揮不去

當你智慧練達，參悟了人生真諦，就會像數學定律一樣永遠也不會被外界改變。當你意識到生活的真諦，意識到自己也是真實生活的一部分，你的精神和體力都不會出現衰老症狀，你就會永遠處於自己的最佳狀態。

思想才是容顏的雕刻師。

我對大家說，我也對時間說：「等著，我會戰勝你的。」精神永遠不會老。曾看過過莎拉‧伯恩哈特的人都不會懷疑這點的，縱然時光流逝，她還是不屈服，她那麼成功地挑戰歲月，當她已經 60 歲的時候，還是那麼美麗，看起來不過 40 歲。

伯恩哈特夫人和其他人並不是有什麼絕招能保持青春永駐，祕密在於他們對歲月的態度，他們絕不讓歲月傷害他們年輕的心，因此他們絕不會在一般意義上變老。

「他們追求的是越老越有風度，但比越老越有風度還好的是永遠不變老。」《芝加哥日報》的一位作家寫道，「永遠不會變老的祕訣值得人們去了解，值得人們去記憶，不會變老的祕訣是你認為自己年齡有多大就有多大。關鍵在於個人的意志力，世界是由人的意志力主宰的。」

茱莉亞‧沃德‧豪（Julia Ward Howe）上了年紀還是那麼富有青春活力，精力充沛旺盛。瑪麗‧利弗莫爾（Mary

Livermore）直到去世也還是那樣。亨利・加索維・大衛斯80歲了還被提名為民主黨副總統候選人，他頭腦靈活、精力旺盛讓40歲的人都汗顏。喬治・梅瑞狄斯（George Meredith）在他74歲的慶祝晚宴上說：「無論是心理還是頭腦我都覺得我沒有變老，我還是用年輕人的眼光看待問題。有些人思想僵化了、落伍了，看什麼事情都不順眼，這都是因為他們自己生活在另外一個時代，他們的理解力和同情心都屬於舊時代，我希望自己永遠也不要像他們那樣，我希望自己永遠也不會變老。」

當你智慧練達，參悟了人生真諦，就會像數學定律一樣永遠也不會被外界改變。無論生活中出現何種情況，出現何種苦難，都不會改變你對生活的看法。當意識到生活的真諦，意識到自己也是真實生活的一部分，你的精神和體力都不會出現衰老症狀，你就會永遠處於自己的最佳狀態。

只有自己下定決心不讓歲月在自己身上留下痕跡，並時時刻刻提醒自己不會變老，歲月才不會奪取你青春的容顏和旺盛的精力。在年輕時，我們就播種永遠年輕的種子，相信自己45歲才開始變老，50歲就又開始變得年輕。

如果你覺得自己老了，就會老得更快。正如亞伯說的

那樣，「我最害怕的事情終於發生了」。你如果總是為什麼事擔驚受怕，提心吊膽地總覺得它會發生，那它總有一天會發生。

「總是擔驚受怕的人，恐懼會刻在他的臉上。」普倫蒂斯‧瑪律福德說，「身體遲早是要衰老的，如果你總是擔心衰老，衰老就在眼前了。」

永遠想都不要想，自己太老了，做不了這個，做不了那個了。如果你這麼想，就會提前衰老，臉上就會長皺紋，整個人提前出現老態龍鍾的樣子。有句話說得非常好：「我思故我在，我為我所思。」

「你多大歲數了？」《密爾沃基日報》稱，「有句格言說『女人看起來有多大，就有多大；男人覺得自己該多大就有多大。』這句格言是錯的。無論男人還是女人都是想讓自己有多大就有多大、變老是思維習慣。人怎麼想自己，自己就是怎樣的人。如果過了中年就覺得自己老了，那你就確實老了。要想讓自己不老，就要靠意志。命運對所有人都很仁慈，她用雙手擁抱所有的人。意志頑強的人就能推遲死亡。龐斯‧德‧里昂找青春泉找錯了地方，青春泉在他的心中。人要永保精神青春，即便外表衰老了，內心還會永遠年輕。當你對生活不再積極關注；當你不再讀

書、思考、做事，就會像枯萎的樹一樣，先從樹頂開始衰老。你認為自己有多年輕，就有多年輕。保持你銳利的鋒芒吧，你今生的使命還沒有完成。」

就在這偉大的一天，你獲得了重生，
重新為真理而戰；
容顏逝去，但青春盛開，
它更加成熟、更加明媚。

奧利弗・溫德爾・霍姆斯在歌中唱道。

如果想長壽，就要熱愛工作，繼續做工作。不要想著自己 50 歲了，能力下降了，該休息了，該退休了。如果想休假就休假，但不要放棄工作。工作中有生命，有青春。「我不會老的，」一位著名的女演員說，「因為我熱愛藝術，我的整個生命都投入到藝術當中了。我從沒感到厭倦，我永遠那麼快樂、忙碌、不知疲倦，精神永遠年輕，我怎麼會變老、怎麼會疲倦、怎麼會不滿呢？」想想已經退休的改革家蘇珊・安東尼（Susan Anthony），在她 83 歲時還那樣精神奕奕。還有已經退休的女演員吉伯特，差不多 83 歲時才去世。有誰會認為這些光芒四射的人老了、失敗了，被年輕的競爭者淘汰了呢？安東尼女士現在還和

她 50 年前一樣精力充沛、充滿熱情地工作。在柏林舉行的國際婦女大會上，她是全世界婦女最著名的代表之一，也是最活躍的人物。吉伯特夫人，是有史以來舞臺生命最長的女演員，在她生命的最後時刻，她仍然出演了新劇。她們在五六十歲的時候從沒想過自己老了要放棄工作，她們都認為人生劇碼太有意思了，不能放棄自己的角色。

「我們這輩人最大的好處之一是，」瑪格麗特．德蘭說，「我們並不認為衰老是身體問題，是外表問題或是僵硬的關節問題。我們永遠也不會覺得生活沉悶，沒有意思，我們對生活永遠不會不感興趣。我們越來越相信可以避免自己變老。從某種高層次來說，承認衰老就是承認自己有罪，承認生活是自私、狹隘、毫無想像力、毫無理想的。這樣變老是種恥辱。可現在越來越多的人有這種想法。」

弗蘭克．萬希爾在他的詩句中表達了這種感傷：

永遠不要衰老。時間像深深的溝壑
痛苦、悲傷和眼淚
將印記深深地、深深地
留在蒼老的臉上。

但溫柔的感情，和愛

以及美妙的幸福在我們身邊展開；

隨著歲月變得越來越明亮，越來越可愛

越來越迷人，永遠不會衰老。

「人的年齡不算什麼，」愛默生說，「如果他自己認為年齡什麼也不是。」歲月並不會使我們衰老，而是我們如何看待歲月，以及如何生活的方式使我們衰老。我們樂觀地看待生活就能長壽，就能青春不老。

生活一團糟，盡是些痛苦的回憶，就會使人未老先衰，面生皺紋，兩眼無光，腳步蹣跚，生命就會枯萎、就會了無生趣。

《聖經》上說乾淨地生活、純潔地生活、簡單地生活、有意義地生活就會長久。即便年逾花甲，「他的肉體仍然比孩童年輕，會回到青年時代」。

我們被虛榮心和無意義的野心驅使，終日生活在無用的繁雜瑣事中，很多人40歲就過早衰老了。簡單的生活可以更充實、更高尚、更有意義。雷維・查理斯・華格納說，簡單的生活和奮鬥不息的生活並不矛盾，正如平靜的生活和充滿激情的生活並不矛盾一樣。在他那本《簡單生

活》中他說，我們的很多情感和思想都白白浪費掉了，我們本應該集中精力做更有價值的事情。他特別強調指出，我們擔心、憤怒，使自己漸漸失去了精力。如果合理地運用精力，我們本可以完成更有價值的事情。

「在這個紛亂、忙碌、互相傾軋的時代，成千上萬的人都認為在醒著的時候有必要盡所有努力做事，以便獲得成功。休閒幾乎變成了犯罪。這是大錯特錯。」普倫蒂斯‧瑪律福德說，「上萬上億的人一直都在辛勤工作，可他們辛勤工作又得到了什麼？微薄的收入，捉襟見肘的日子，為什麼會這樣？因為他們不知道該把精力往哪放！家庭婦女整天擦鍋洗碗，40歲就耗乾了身體，她的腦子整天想的就是家事，而另外一個家庭婦女只安安穩穩地坐著，腦子裡盤算著，自己不做事，該由誰把所有的工作都做了，她更有可能保持自己的健康和精力。健康和精力比青春更吸引人，它們只屬於完美和成熟。

「在無事可做的時候，安安穩穩地坐著，保持思想平靜、身體安逸，這時精力和體力才能恢復，才能重獲力量。保持平靜對保持青春和精力是非常有幫助的。身體不僅是靠吃飯，還需要靠其他人們不太熟悉的元素供給。這些元素還不為人所知，但卻對身體有著非常重要的影響，

賦予身體力量。只有身心非常平靜才能吸收獲得這些巨大能量，才能使身心保持最佳狀態。如果事事都能靠智慧指導行為，就能獲得很多成就，就能保持身心的平衡。」

很少有人意識到，即便沒有阻擋，歲月也會在我們睡覺時奔湧向前。如果你一天到晚總是焦慮、總是煩惱、總是擔心、總是悲觀、總是緊張、總是嫉妒、總是貪婪，那麼這些負面情緒就會一直延伸到夜晚，給神經系統烙下深深的痕跡，耗盡你的精力和生命力，並在你的臉上顯現出來，留下深深的、清晰的、永遠的皺紋。很多人一放下工作，麻煩瑣事就一股腦兒地湧進腦海，除了令人討厭的事什麼也想不了，沒有了快樂，沒有了機智，也沒有了幸福。

晚上一躺下睡覺，這些負面情緒就會傷害到你的身體。你滿腦子想的都是些黑暗的畫面、令人不愉快的經歷，在床上輾轉反側難以入睡，直到最後把自己搞得筋疲力盡才昏昏睡去。毫不奇怪你會比別人老得更快，因為早上起來的時候還是疲憊不堪。晚上睡不著，你不得不借助於各種人工辦法，像服安眠藥讓自己入睡。白天沒精神，你又不得不吃營養藥、吃興奮劑讓自己精神點兒。

當我們知道如何調劑精神，精神就會成為大腦的營養

品和興奮劑，就能正常生活不需要任何麻醉品或毒品；精神就會成為大腦的最佳保護品和保持大腦青春的最佳辦法。只要把心態放正，保持和諧的思緒、快樂的心情、樂於助人的心情、友愛的心情，讓正面情緒占據你的頭腦，負面情緒就會漸漸萎靡、不攻自破。將一切耗損我們生命、精力和腦力的因素統統拒之門外，第二天我們就會恢復元氣，重新以嶄新的面貌面對下一個挑戰。

　　白天操心了一整天了，晚上回到家裡就什麼都不想，很多人都懂得這一點，完全放鬆自己迎接甜蜜、平靜、愜意、讓你重新精神抖擻的睡眠。他們一下班，就將一切麻煩、瑣事、鬧心事都鎖在了自己工作的商店裡、辦公室裡和工廠裡，從不將工作的煩心事帶到家裡。上班就工作，下班就玩。下了班，任何工作上的事都不能讓他們煩惱。他們已經學會掌握了和諧思維、愉快思維、快樂思維和樂觀思維的祕密力量。心裡想的是快樂、青春和平靜，像迎接客人一樣迎接寧靜、和諧的夜晚睡眠。他們才不會讓焦慮、擔心纏繞著思緒，毀了他們的寧靜，毀了他們的容顏。早上醒來的時候他們無比輕快，恢復了活力，恢復了年輕時的敏銳。

　　因為不知道該如何保持青春，所以我們衰老了，正如

我們不知道該如何保持健康，所以才生病一樣。無知和錯誤思維引發了疾病。總有一天你會明白，不要再想不愉快的事，就像你不願把手放進火裡一樣。如果你心態良好，又能照顧好自己的身體，就不會生病。如果你總想著自己年輕，就會保持較長的青春期。

永遠也不要認為自己老了就扼殺了自己年輕的衝動。最近我們舉行了一次家庭聚會，孩子們試圖讓 60 歲的老父親和他們一起玩遊戲。「啊！不！不！」他說，「我太老了，玩不動了。」但老母親和他們一起玩了，特別興奮、特別高興，就好像自己和他們一樣大。她眼裡閃著青春的光芒，舉手投足無不散發青春的氣息。儘管她和丈夫年齡差不多，但她和孩子們一起嬉戲，使她看起來比丈夫年輕許多。

你覺得自己有多年輕就有多年輕，和年輕人接觸也會使你年輕，他們感興趣的東西、他們的希望、他們的計畫和他們的娛樂方式無不使你感興趣。青春的活力是互相感染的。

奧利弗・溫德爾・霍姆斯 80 歲的時候，有人問他永保青春的祕訣是什麼。他回答說：「保持愉快的心態，無論處在什麼樣的環境，都始終如一地感到滿足。我沒什

麼野心，也不會感到不滿或不安，否則會使我們未老先衰的。總是微笑的臉不會長皺紋。微笑傳遞了最美妙的資訊，而滿足是青春的泉源。」

醫生總告誡我們要知足，要想身體好、活得快樂，就得知足。知足不是怠惰，而是擺脫空虛、煩惱、擔心、焦慮，擺脫一切阻礙自由真實生活的東西。有些人自高自大、虛榮心極強，他們自我膨脹，讚美、仰慕和追求物質世界的財富，而不是掌握世界與自我的能力，他們不想成為為人類服務的急先鋒，不想成為最高尚、最美好和最有效率的工作者。

如果到老了還想保持年輕，就要遵循這句關於日晷的格言：「我只記錄太陽的時間。」從不在意黑暗，忘掉不愉快、不高興的日子，忘卻黑暗和陰影，只把它們當作寶貴的記憶財富。

據說「活得時間長的人都是充滿希望的人」。如果你充滿希望而不是失望，就會以快樂的笑臉面對一切困難，歲月就不會在你的額頭留下痕跡。快樂才能長壽。

「不要讓愛溜走，不要讓愛情溜走，它們是防止皺紋的最好護身符。」如果永沐愛中，對一切都充滿幫助、仁慈的心，就會永遠年輕、精力旺盛；如果在物欲橫流的社

會，心枯竭了，沒有了同情心，身體就會衰老，精神就會頹廢。如果充滿溫情、充滿愛，心就永遠不會結冰，就不會因為偏見、恐懼、焦慮而冰冷。有位法國美人每天晚上都用油脂按摩，就是為了使肌膚柔軟富有彈性，但更好的保持肌膚青春彈性的辦法是緊跟時尚潮流，用愛、用美、用快樂、用年輕的理想來按摩頭腦。

如果不想讓歲月在身上留下痕跡，凡事就要向前看，而不是向後看；盡可能地讓生活豐富多彩，培養自己的多種興趣。無聊、缺乏精神寄託會催人老去。城市變化多，有趣的事情多，住在城市裡的婦女，保持青春的時間比住在偏遠鄉村的婦女長。鄉村婦女生活單一，在她們狹小、單調的生活之外沒什麼變化。更令人震驚的是，很多鄉村婦女在農場生活久了，最後還瘋掉了。埃倫·特裡和莎拉·伯恩哈特似乎擁有明星不老的青春，這歸功於她們像年輕人一樣充滿活力，不斷地改變思想和環境，積極動腦。值得注意的是，農民主要在戶外工作，生活環境也比城市腦力勞動者健康得多，但活得並不比城市腦力勞動者長。

倫敦有位法醫證實英格蘭農民的常見病是大腦衰退。他說，他們在 65 歲或 75 歲時，大腦要麼因為缺乏腦力訓

練而生銹，要麼癱瘓，他們通常都死於中風一類的疾病。與農民相反，法官和同樣從事繁重腦力勞動的人要活得長，並始終保持頭腦清醒。

人們問雅典的先賢 —— 梭倫，他的力量和青春祕訣是什麼，他回答說：「每天都學習新知識。」古希臘人都相信這句話，永恆青春的祕訣是「永遠學習新知識」。

這句話是有事實根據的。有益健康的活動不但對身體有好處，還可以提高和保持腦力。所以如果想抗擊衰老，保持年輕，就要永遠樂於接受新思想，保持開闊的思維，富有同情心，隨著人生閱歷的豐富，更加深刻地領會人生的真諦。

戰勝衰老的法寶是快樂、充滿希望和愛心。能戰勝衰老的人一定是對一切都懷有慈悲心的人。他不會擔心、不會嫉妒、不會怨恨、不會羨慕。一切邪惡的心態都會使人內心充滿苦悶，使額頭長滿皺紋，使兩眼黯淡無光。純淨的心靈，健康的身體，博大、健康、寬容的精神，還有一顆不讓歲月留痕的決心就是青春的泉源。這泉源，每個人都能在自己心裡找到。

瑪格麗特‧德蘭說：「衰老有三個徵兆：自私、遲鈍和缺乏包容心。」如果發現我們自己這樣，即便自己還是

30 歲的大好年紀，也知道自己老了。令人高興的是，我們還有三件戰無不勝的制勝法寶。如果我們能善用它們，即便活到 100 歲才死，也還很年輕。它們是：同情心、進取心和包容心。擁有這三件法寶的人會永遠年輕。這三件法寶向我們大聲宣稱：「鼓起勇氣來，別氣餒！」

最美好的還沒到來！

生命的開始就是為了

生命的結束。

第十九章　時光揮不去

第二十章
如何控制思緒

為自己制定某種行為方式，不但要自己時時遵守，而且必要時和大家一起遵守。

—— 愛比克泰德（Epictetus）

透過習慣性地控制思維，就能改變思維方式。我們毫無理由讓思緒天馬行空到處亂飛，隨意地想各式各樣的事情。我們的意志力或我們所說的真實的自我能控制思維、駕馭思維，只要透過一點點努力，就能隨心所欲地控制和調整思想。

用意志控制注意力，用理性和高級判斷力指導意志。注意力能控制思想和思緒，讓自己思想更高尚，直到崇高的思想成為自己的習慣，低級想法、低級願望就會從意識消失，思想就會處於更高的層次。這一切都要靠訓練。

許許多多的作家都提出過各式各樣的辦法控制思緒。把這些方法加以比較，我們會發現很多共同之處，這些共同之處就是最簡單、最有效的方法。喜歡練習控制思緒的人還提出了更細緻、更神祕的方法。

「指導美國人在練印度瑜伽的時候，教練幾乎不可能給他什麼明確的指令遵照執行。」Ｗ・Ｊ・科爾維爾說，「盎格魯－撒克遜人可能不會像深色皮膚的東方兄弟一樣聽得

懂玄妙的練功指令，但無論東方文化還是西方文化，『集中精力』、『冥思苦想』的含義都一樣豐富、一樣重要。全神貫注地冥想自己希望達到的目標，就能用天眼看到自己已經實現了目標，就能清楚地意識到，自己離目標越來越近，各式各樣的因素條件都會促成你實現你的目標，障礙一點一點地消失，原來似乎是遙不可及、根本無法實現的目標，此刻卻是那麼輕鬆簡單。在這個過程中，最重要的是堅定目標，不讓你的理想旗幟和內在理念有絲毫動搖。

「最佳的練習辦法就是靜靜地懷著熱望，集中所有的注意力，用心去看見理想的實現。想像自己在最喜歡待的地方，做一件自己最喜歡的事。堅持用這種方法練習，很快就能擺脫焦慮，並且漸漸明白如何完成根本完成不了的任務。大千世界沒有什麼能和親力親為的工作相比，因為我所說的冥想絕不是毫無作為、白日做夢的空想。冥想之後一定要去做。真正的冥想不是讓我們不用努力就能實現目標，冥想只是告訴我們該怎樣努力才能實現目標。」

另外一位作家也說過類似的話：「沉默、集中精力、集中思緒，將一切能獲得的能量和力量都吸入體內，感受到這些能量和力量源源不絕地進入體內，除非我們自己決絕才能阻斷它們的流入。」

「我們周圍的氣氛是思想的產物。物隨心生，物隨心變，」佛洛德‧B‧威爾遜在他的《力量之路》中說，「大家普遍認為氣氛是集中精力思考一件事後散發出來的無形產物。氣氛作為思想的產物，也是透過能量場創造性地彙集能量和力量才可以產生的。」

「我們一直提的控制思緒也可以說成：如果我們知道自己能夠控制大腦，我們就能控制思緒、控制氣氛。每天靜靜地冥想，就能實現希望獲得的目標，因為我們已經敞開了創造理想氣氛的門窗。靜靜地、被動地冥想，心無一絲疑慮。對於很多人來說做到靜靜地、被動地冥想很難，但靜靜地、被動地冥想比其他任何方法都能讓你儘早實現目標。」

查理斯‧布羅迪‧派特森在談到控制思緒對身體的好處時說：「讓我們保持心靈的清新愉快，懷著對生活健康美好的願望，溫柔仁慈地對待別人；讓我們無所畏懼，認為自己擁有大宇宙的力量，這種力量能滿足我們一切需要。健康、力量和幸福是我們與生俱來的權利，它們一直深藏在我們內心深處，現在我們的身體能夠將它們表現出來。如果我們採取這種觀點並堅定不移地信奉它，身體很快就會健康起來，變得更有力氣。」

很多人都是透過切身體驗或別人的感受才提出這麼多練功方法。因此只要你能放棄消極情緒，發揚積極情緒，就能實實在在地提高生活水準。

如果讓自己始終處於積極的氣氛中，將一切消極情緒、破壞情緒，一切不合諧、一切疾病、一切災難和一切失敗都從腦海中趕出去，只想著創造、支持，很快就能完全改變思維特徵，你就會憎恨那些阻礙你成功和快樂的敵人，只要它們一想進攻你的大腦，你就會將它們趕走。你的心中只有高尚的詞彙和想法，不斷激勵自己、激勵別人，激勵所有人，為所有人帶來光明、帶來美好，使所有人變得高尚。到那時，你喜歡積極情緒就會像你討厭消極情緒一樣強烈。

令人高興的是，很多思想家和心理調查人員找到了消極情緒的源頭，並且從根本上大量消除了消極情緒。

「根本不值得和消極情緒打一仗。」霍瑞斯‧弗列卻爾說，「能集中精力不讓自己生氣和擔心，生氣和擔心是憤怒和焦慮的孩子，勇敢地面對困境，不讓自己生氣和擔心。如果你能成功地擺脫一次生氣和擔心，那麼再次生氣和擔心的概率就小得多。」在他寫的另外一本書中，弗列卻爾說，生氣和擔心其實都源於恐懼。W‧W‧阿特金森

也說過：「擔心是恐懼的孩子，和父母極其相像。要像對待害蟲一樣對待恐懼家族，不讓它們有喘息的機會，不讓它們有衍生更多的機會。」學會集中精力，就要學會無所畏懼、學會自信，只有這樣才能快樂，才能幸福，才能富裕，做事才能有效率。

弗蘭克‧C‧哈多克在他的《意志的力量》中還說了下面的規則，很有啟發，非常有效，我這裡將他的話作為本章結尾：

「堅持不懈地、理性地運用自己的意志力營造一片理想的精神世界，那裡有美好的東西、正確的思想、健康、和平、真理、成功、捨己為人、思想積極的人們、最美妙的文學、藝術、科學、最高貴的活動和團體和真實的宗教。

「在和別人交往的過程中，保持個人的完美和平靜，而且不要讓人看出來自己努力試圖保持完美和平靜。不要做擺手的姿勢，讓人在潛意識上感到你在刻意地保持冷靜，掩飾自己的敵意。

「避免激動。」

「不要表現對抗。」

「讓別人意識到你無意傷害他們的情感。」

「不要歧視和嘲弄。」

「不要生氣和憤怒。」

「一丁點也不要害怕和自己打交道的人。」

「不要懷疑和他們一起工作會成功。」

「讓自己渾身洋溢自信的動能。」

第二十章　如何控制思緒

第二十一章
即將到來的人

　　當我們堅信自己的人生軌道是正確的，就沒有什麼能使我們脫離人生軌道。每一次正確的行動，每一次善舉都會開花結果，我們最終會平靜地完成我們能力所及的最高目標。

　　當我們和上帝合而為一，開始漸漸明白，開始無所不知，接著就能解決一切神祕的事件。世界上將會出現更多無所不知的人。所有人都追求無所不知和自由。在這個偉大的光明的時代，很多人都追求神聖的無所不知。能看到上帝的人體會到了一種難以描摹的狂喜和幸福。和上帝合二為一就能看到宇宙是多麼美麗，就能了解宇宙的策劃者 —— 上帝，和他策劃的美好宇宙。

—— 快樂的預言家

　　內心平衡、淡泊的人才能獲得快樂、成功、令人滿意的人生，他們對上帝懷有絕對的安全感和毋庸置疑的信任，是上帝給了他們永恆的力量。

　　在生活中缺乏穩定感、輕鬆感，內心沒有平靜和安逸是無法獲得更高的成功的。我們必須深刻認清不安的本質，才能消除不安；必須對《聖經》堅信不疑，毫不動搖地信仰上帝。上帝創造萬物、控制萬物，我們承認自己也

是上帝創造的，是受上帝控制的。當我們堅信自己的人生軌道是正確的，就沒有什麼能使我們脫離人生軌道，無論我們身處何處，無論是在陸地還是在大海，無論我們的狀況如何，無論是疾病還是健康，都不能使我們和上帝分離，我們都會感到非常穩定、非常安全。一旦擁有了這種安全感，我們就不會恐懼，不安和焦慮就會遠離我們，一切都將是那麼和諧。我們知道沒有什麼能使我們失去與生俱來的權利，沒有什麼能阻擋我們獲得成功，我們走的每一步都很正確，將會逐漸接近最後的成功。每一次正確的行動，每一次善舉都會開花結果，我們最終會平靜地完成我們能力所及的最高目標。

我們清醒地了解到我們不是上帝偶一為之的生物。無論我們身在何處，都會有安定感的，恐懼、焦慮和不安不一定是生活的一部分。我們本能地感到我們和上帝密不可分，我們和上帝是一體的，我們是上帝墜入凡間的輪回，我們就是上帝按照他自己的模樣造的，我們的最終目標根本不會和上帝的目標相違背；我們本能地感覺到萬物都是統一的。相信上帝，就能找到萬物統一的精髓。傻傻地相信上帝的一切比理性地相信更好，會使我們更接近萬物統一的精髓。

艾拉‧惠勒‧威爾考克斯的詩句表達了這種信仰：

用盡你所有的力量相信

就像你相信上帝一樣。

你的靈魂

只是肉體的表達。

你從未想到過體內蘊藏著多少力量，

像那浩瀚的大海廣闊無邊。

你靜默的思緒飛到了鑽石山洞；

去尋找鑽石吧，讓上帝的意志指導

你的熱情，是那順風，讓你乘風破浪。

沒有人能限制你的力量；

你的成功無人能及，

如果你相信上帝，相信自己，

成功就在眼前，最後

你將達到無人企及的高度

為什麼不去做呢？堅持！成功！成功！

當我們感受到力量，感受到從內心深處噴湧而來的巨大力量，我們就不再懷疑、不再猶豫、不再滿足於表面上的、暫時的、物質上的浮華。當靈魂獲得真正的滋養，感

到衝動的驚喜，它就會滿足得匍匐在地。

如果你意識到你是神聖的、永恆的真理，是現實的真諦，就沒有什麼能使你失去身體和精神平衡。你就是永恆真理的化身，擁有無窮的力量，沒有絲毫恐懼、焦慮、擔心或偶然，因為你知道你就是真理，是永恆真理的一部分。創造和支持宇宙的力量在你手中，沒有什麼能使你失去它，你會擁有安全感和平靜感。當你早上醒來，精神飽滿，意氣風發，你感到你接觸到了曾經創造你的神力。你已經超越感知，獲得了無窮的力量、無盡的生命。每天早上醒來，都是再一次重生。當累了、倦了、傷心了，你希望重新回到上帝那裡，讓上帝再造你一回，用生命的泉源消除你的乾渴。

只有當你意識到你的存在是堅不可摧的，像數學定律一樣毋庸置疑，你才能獲得無窮的力量。哪怕世上所有的數學書都付之一炬，二加二還是等於四。數學定律就是數學定律，無論發生什麼變化絲毫不受影響。所以當你到了自己的地盤，就能說「我的地盤我做主」。你能始終保持內心鎮定、從容恬淡，縱然歷經千難萬險，也不會恐懼發抖。上帝造了你沒有錯，他造了你並非出於偶然、並非率性而為。

　　文化教育的終極課程就是使人精神平靜、內心安寧，要想獲得精神平靜、內心安寧，首先就要完全相信宇宙的萬能力量。當你意識到自己是上帝偉大事業的一部分，上帝造你是為了讓你去控制而不是被控制，你應該用「談笑間煩惱灰飛煙滅」的氣勢去面對一切，而不是畏畏縮縮、奴顏婢膝。

　　當你意識到你是天命神授，你就不會失去根本，任何煩人的事都不能破壞你內心的平靜。任何煩人的事只能傷害到那些還沒有意識到自己是天命神授的人，他們還沒有領悟力量的真諦。

　　「平靜是力量最偉大的展示。」斯瓦尼·維夫卡納迪說，「想要激動很容易。讓血液加速流動，就能做出驚天動地的事來，每個人都能做到，但能在萬分激動的時候刹車平靜下來，才是堅強的人。這需要更大的意志力量，放手、退後。平靜的人不是愚蠢的人，任何人都不能將平靜錯當成愚蠢或懶惰。激動展示的是低級力量，而平靜展示的是高級力量。」

　　上帝創造的內心平衡的人是不會有恐懼、憤怒、遭受經濟損失的。

　　如果我失去了財產，我的船、店鋪、房子都燒光了，

那跟我到底有什麼關係呢？確實，我會感到不方便，我會暫時不能享受了，但我不相信無所不知的上帝會讓我總是害怕火災或其他緊急情況，上帝會眷顧我的。有些人能始終處於健康、和諧、快樂、幸福和平靜之中，不幸、意外和不良情緒始終不能把他們怎麼樣。

我相信即將到來的人，那個理想的人，那個高度文明的人，不會因為財產被燒而影響到自己，正如和諧法則不會因為樂器被燒而消失一樣。

那個即將到來的人能控制自己的思想，能吸引更多的美好特質和幸運，使自己更加富裕、更加幸福。因為心理健康，能排除病態心理的不良影響，他能使身體更加和諧、健康。

那個即將到來的人總是那麼高興，因為他心裡除了高興的事不想別的，絕不會讓焦慮的陰霾、悲傷的黑暗和嫉妒的陰影籠罩他的心頭，他從不唉聲嘆氣，總是那麼興高采烈。

那個即將到來的人從不讓悲觀、病態、可憐、不和諧的有害情緒進入他的腦際，就像他永遠不會吃毒藥一樣。他能控制自己的思想特質和德行，正如他有選擇地控制接待來家拜訪的客人一樣。他只邀請他喜歡的人，只邀請他

希望見到的人；對於敵人他一概拒之門外，這就是他對待負面情緒的態度。

那個即將到來的人總是非常富有，因為他從不讓物質財產的觀念、讓局限性的思想入侵他的腦海，所以他總是感到自己的精神世界十分富有。

那個即將到來的人總是生活在愛和快樂的氛圍中，他自己也總是感受到愛和快樂，並時刻表達愛和快樂。他很健康，因為靈魂、內心以及肉體都非常和諧健康。

讓自己擺脫不合諧變得和諧，掙脫黑暗走向光明，拋棄憎恨擁抱博愛，甩掉疾病擁有健康，難道不是人世間最有價值的事嗎？成為自己一方領地的主人，像君主一樣去統治，而不是像奴隸一樣受壓榨，不是人世間最有價值的事嗎？這種目標值得我們去期望、去努力奮鬥。愛默生因完美表達了這些目標對人意味著什麼：

「你一旦覺醒並意識到這點就能與宇宙產生和諧；你能感受到力量和生命的震撼；你能從自己狹小的天地走出來，融入到廣闊的宇宙之中。那些素日來使你煩惱、揪心的難事、瑣事，你都會覺得並不重要，可以一笑而過。越來越多的有識之士到政府機關中，他們不會利用職權假公濟私，政府機關變得越來越清正廉明，不會再出現貪汙腐

敗的現象。你越來越有能力看清未來，因為「前事不忘，後事之師」。疾病終將治癒，健康即將獲得，因為疾病和痛苦無非是有意識、或無意識違背宇宙法則的結果。你會擁有一種精神力量能夠治癒病痛，同時治癒往日心靈的創傷。感到身體不再那麼沉重，全身通透輕巧，為心靈的下一次躍進做好積極準備。因為眼界狹小，很多我們過去認為神祕的、不可思議的東西如今都變得很普通、很自然、很稀鬆平常。

無論出現何種險境，只要你在思想上和體力上都全力以赴，自然界就會有更多的力量也會有更多的朋友幫你的忙，因為自然界有句定律：「賜給擁有者。」如果你希望獲得成功的願望更強烈，希望獲得幸福的願望更強烈，希望一切美好的意願更強烈，你就能吸引更多的好運氣幫助你實現自己的理想。所有的好運氣都會匯集到你身上，你將變得如此完美，「一如你在天堂的天父」。

官網

國家圖書館出版品預行編目資料

思想巨人，做內心強大的自己：意念控制軀體、恐懼把人嚇死、大笑救活人命……內在的力量不只決定心情，還能左右你的性命！ / [美] 奧里森 · 馬登（Orison Marde）著，胡彧 譯 . -- 第一版 . -- 臺北市：崧燁文化事業有限公司 , 2023.07
面；　公分
POD 版
ISBN 978-626-357-435-9(平裝)
1.CST: 自我實現 2.CST: 情緒管理 3.CST: 成功法
177.2　　112008545

思想巨人，做內心強大的自己：意念控制軀體、恐懼把人嚇死、大笑救活人命……內在的力量不只決定心情，還能左右你的性命！

臉書

作　　　者：[美] 奧里森 · 馬登（Orison Marden）

翻　　　譯：胡彧

發　行　人：黃振庭

出　版　者：崧燁文化事業有限公司

發　行　者：崧燁文化事業有限公司

E - m a i l：sonbookservice@gmail.com

粉　絲　頁：https://www.facebook.com/sonbookss/

網　　　址：https://sonbook.net/

地　　　址：台北市中正區重慶南路一段六十一號八樓 815 室
Rm. 815, 8F., No.61, Sec. 1, Chongqing S. Rd., Zhongzheng Dist., Taipei City 100, Taiwan

電　　　話：(02)2370-3310　　傳　　　真：(02) 2388-1990

印　　　刷：京峯數位服務有限公司

律師顧問：廣華律師事務所 張珮琦律師

定　　　價：250 元

發行日期：2023 年 07 月第一版

◎本書以 POD 印製